約翰・赫西 John Hersey

李仲哲——譯

HIROSHIMA

廣島

發生在人類身上的故事

原爆80周年紀念

目　次

導讀

阿潑／政大新聞系兼任助理教授、文字工作者

「那是一顆原子彈，駕馭了宇宙的基本力量。這股連太陽都要從中吸取能量的力量，已經釋放到那些在遠東發動戰爭的人身上……。如果，他們仍不接受我方條件，那麼將還會再有一場毀滅之雨。這樣的毀滅之雨是地球上從未出現過的。」

在談《廣島》這本書之前，可能得先從美國總統杜魯門的這份文告談起，這是美國製造核武器的公開揭示，也是這本書的起點——一九四五年八月六日，約翰．赫西（John Hersey）從廣播中聽到美國總統杜魯門發布的這份總統

文告，情緒複雜，他既感知到人類歷史即將開啟新頁的恐懼，也因意識到戰爭即將結束，而有如釋重負之感；三天後，得知美國在長崎又投下一枚原子彈後，他則感到驚駭，認為這是「徹底的犯罪」。

雖說如此，這個時候，「廣島」還沒有真正進入這位新科普立茲獎得主的書寫計畫之列。將赫西推到廣島的，是相關新聞的支離破碎——在麥克阿瑟設下的審查與封鎖系統下，即使有些記者嘗試突破困境，將現場實況帶出來，和美軍操作的公關報導和鋪天蓋地的「大外宣」比起來，比例上有著懸殊的差異。人們感受到的是「勝戰」的狂喜，沒有看見災難現場的機會，自然無從思考人道問題。

戰爭結束過後，凡事都要回歸日常，有誰真正在乎原子彈落下後，廣島和長崎的真實景況？

和那個時代的人比起來，身處當代的我們彷彿擁有全知視角，知道核爆造成多大的災難——可能就只是「知道」——但也因為數位技術發達，資訊傳播太過容易，而無法想像一九四〇年代的媒體有多重要，特別是一個意識到問題、從而冒險尋找真相的「真正的記者」。

我可以想像赫西讀這些新聞時的困惑，想像這些資訊無法說服這個記者的樣子。赫西認為自己讀到的報導，存在著某種嚴重的扭曲，讓他想要踏上那個「原子彈落下的世界」，看見並報導真相。

這個時候，和赫西討論這個採訪計劃的，是《紐約客》（*The New Yorker*）副總編輯威廉・蕭恩，他們達成合作共識，好讓赫西寫下「發生在人類身上，而非建築物之上的事」，亦即：「從被害者視角說故事」。

一場病，讓他意外發現書寫「廣島」的方法：前往日本前，他在滿洲採訪時染上流感，只能搭上船艦返回上海。他在船上閱讀了桑頓・懷爾德的《聖路易灣之橋》（*The Bridge of San Luis Bay*），這本書說的是祕魯一座橫跨峽谷的橋斷掉時，五個同時喪生的人，描述這些人的人生何以不約而同地走到這一刻。抵達廣島之前，閱讀這本書給赫西莫大的啟發，讓他知道要怎麼處理一個人物眾多的複雜故事，又能扣人心弦。

而這就是為什麼赫西採訪近數十位原爆倖存者，最後僅挑出原子彈落下時，足跡交會的六個人——他從原子彈落下之時這些人正在做什麼開始落筆，再提到他們各自的經歷與交集。關鍵當然是：他們活下來了。

這場原子彈爆炸造成十萬人死亡，以上六人是倖存者之一。他們至今仍疑惑自己為何僥倖存活，如此多人卻喪失性命。他們都清楚記得諸多看似微不足道的瞬間——及時邁出的關鍵一步、走進室內的靈機一動、選擇搭乘這班電車而非下一班——這些偶然的決定讓他們倖免於難。他們如今明白，在那段掙扎生存的過程中，自己彷彿經歷了無數回的生命，也目睹了更多遠遠超乎想像的死亡。但在當時，他們對這一切渾然不知。

一九四六年八月三十一日，《紐約客》暫停那些頗受歡迎的專欄欄目，罕見地將整期雜誌的全部篇幅，讓渡給赫西這三萬字的〈廣島〉報導。這篇文章透過六位倖存者的經歷，細緻展現了核武對人類造成的深遠影響，讓抽象的概念變得具體而讓人感同身受。而這場「革新」不僅寫下《紐約客》的歷史，也創造了諸多紀錄：超過五百家媒體報導這個故事，就連BBC都跟進，銷售量驚人，成為該刊的經典。甚至被長春藤聯盟大學引入課程之中。

《廣島》被譽為新聞史上最具影響力的單篇文章之一。許多評論都指出，《廣島》的發行不僅改變了公眾對原子彈的看法，也促成當時各界對核武器道德問題的深入討論。

率先報導《廣島》的《先驅論壇報》社論如此寫道：「人們能夠被個人的苦難深深打動，卻對眾人受的苦感到麻木，這古老的悖論至今阻礙對原子恐怖的理解，但赫西總算查明真相，讓廣島的悲劇真實可及，這是其他出版內容……未曾辦到的。」

就後代的我們來看，《廣島》無疑是當代非虛構寫作的經典之作。赫西藉著第三人稱視角，透過客觀事實，重建原爆倖存者的遭遇和細節，並以冷靜、克制的語氣，讓讀者在閱讀中感受事件帶來的震撼。而這是赫西提筆寫作之時，就已經決定的了。

我們常說，新聞就是歷史，赫西也這麼認為，「新聞報導讓讀者見證歷史。」他日後受訪時說道：「小說讓讀者有機會體驗歷史。」他希望《廣島》可以「讓讀者進入人物、成為人物，與他們一起受苦。」

因此，赫西以相當細緻的方式，招喚讀者「身歷其境」，跟著中村太太在倒榻房子瓦礫堆中尋找自己的孩子，看見教區秘書深井跑回吞噬城市烈焰中自殺的命運，而藤井醫生發現自己困在自家倒榻門廊的兩根廊柱之間，身體一部分沉在上漲的河水裡，我們彷彿就在這河的另一邊。

赫西是這樣描述年輕醫師面對成千上萬受傷的民眾走到醫院大樓的反應：「他漸漸失去身為外科醫師和憐憫之人的意識，成了一部冰冷機械，反覆相同的動作——清理、上藥、包紮；清理、上藥、包紮。」

類似這樣的撼人經典語句，還出現在赫西書寫第一章——原子彈落下時，眾人經歷的結語：「在罐頭工廠裡，在原子時代的最初之刻，一個人類被書本壓垮了。」

赫西本就擅長寫小說，並以《阿達諾之鐘》獲得普利茲獎，因此，以類小說方式寫出事實，對他並不算挑戰。我從約翰·赫西傳記《正直先生》（*Mr.*

Straight Arrow）中，讀到作者傑里米・特雷格洛恩（Jeremy Treglown）的形容：「他既是一位戰爭詩人，也是一位記者。」其作品的本質特質是「透過對他人的細緻關注來表達自己的個人追求」。

特雷格洛恩認為，赫西作品的力量不僅展現在他訪談及原始素材取得的功力，還包含對細節的細緻關注，他不僅會嚴謹地運用受訪者（見證者）的訪談，甚至會在科學實證研究上下功夫，好讓作品生動，讓讀者有身臨其境的感覺。而這種藉著事實構建出小說形式的敘事報導，在西方，常會被視為「新新聞主義」（The New Journalism）的一種——儘管《廣島》的誕生，遠早於一九六〇年代以湯姆・沃爾夫（Tom Wolfe）為首提倡的新新聞主義。

「在人們開始談論『新新聞主義』之前，赫西就在一九四六年的《廣島》中，證明了這種寫作手法的力量。」沃爾夫在《新新聞主義》一書中指出，赫西的《廣島》採用多位角色的視角，交錯敘述，並以冷靜、克制的語氣呈現原子彈爆炸後的情景，這種手法與新新聞主義強調的場景重現、人物描寫和敘事技巧不謀而合。《廣島》是「小說化新聞」（novelistic journalism）的成功案例。必須要提的是，儘管沃爾夫對赫西及《廣島》給予高度評價，但赫西本人對於新新聞主義的某些發展方向持保留態度，強調新聞報導應該保持事實的準確性和客觀性。

《紐約客》特約作者尼可拉斯．萊曼（Nicholas Lemann）在〈約翰．赫西與事實的藝術〉（John Hersey and the Art of Fact）一文中提到赫西的主張：「在小說中，作家的聲音很重要；在報導中，重要的是作者的權威性」，也就是，作者必須讓受訪者具有一定的可信度，也應該避免流露主觀和情感。「但赫西的書寫證明，記者可以寫出風格鮮明、充滿活力的歷史或社會敘事，同時忠於記錄。」

事實也是如此，赫西並沒有因此而讓「廣島倖存者」封存在一九四六年時的那個狀態，像是沒有未來那般，四十年後，他又重新探訪並寫下這些人與這座城市的「後來怎麼了」。完整把故事說好，才是他的使命。

距離廣島受難八十年後的現在，我們閱讀《廣島》，仍然不過時，也是我們面對當代圍繞核武與戰爭議題的責任。

中村初代

事發時距離爆炸中心約一・二公里。時年三十四歲，一位裁縫師的遺孀，獨自扶養三個孩子（十歲的兒子敏男、八歲的女兒八重子、五歲的女兒三重子）。

第一章

無聲的閃光

A Noiseless Flash

一九四五年八月六日，日本時間上午八點十五分，就在原子彈於廣島上空閃爍火光的瞬間，東洋製罐工廠人事課職員佐佐木敏子小姐才剛坐上辦公室座位，打算轉頭和鄰桌的女孩說話。與此同時，藤井正和醫師盤腿坐在懸建於京橋川邊的自家醫院廊臺閱讀著《大阪朝日新聞》，京橋川是切割廣島三角洲的七條河川之一；裁縫店遺孀中村初代太太站在廚房窗邊，望著鄰居拆除坐落於空襲防火巷道的屋子；耶穌會的德國神父威廉．克蘭佐格（Wilhelm Kleinsorge）穿著內衣、躺在一棟三層樓傳教所三樓的簡易床上，翻閱教會雜誌《時代之聲》（*Stimmen der Zeit*）；身為市內現代的大型紅十字醫院的外科醫師，年輕的佐佐木輝文正走在醫院走廊上，手中拿著安排進行梅毒血清試驗的血液樣本；廣島衛理公會的谷本清牧師則位在市區西郊名為己斐的地區，他停在一戶富人宅門前，準備卸下因擔心B－29轟炸機即將空襲廣島，而從城裡撤出的滿車物資。這場原子彈爆炸造成十萬人死亡，以上六人是倖存者之一。他們至今仍疑惑自己為何僥倖存活，如此多人卻喪失性命。他們都清楚記得諸多看似微不足道的瞬間——及時邁出的關鍵一步、走進室內的靈機一動、選擇搭乘這班電車而非下一班——這些偶然的決定讓他們倖免於難。他們如今明白，在那段掙扎生存的過程中，自己彷彿經歷了無數回的生命，也目睹了更多遠遠超乎想像的死亡。但在當時，他們對這一切渾然不知。

——

谷本牧師在那日早晨五點起床。那段期間，他的妻子總會帶著一歲的孩子前往位在牛田（北部郊區）的朋友家中過夜，所以寓所裡只剩他一人。日本所有的主要城市中，唯有京都和廣島尚未遭受B–29轟炸機的大規模襲擊；日本人稱之為「B先生」，這反映出他們對其強大的破壞力抱有敬畏之心，以及無可奈何的熟悉感。谷本牧師就像他的鄰居和友人一樣，對此焦慮得身心俱疲。他聽聞過吳市、岩國、德山等鄰近城鎮遭遇大轟炸的駭人記述，並深信廣島很快也會迎來相同的命運。他前夜未能安眠，因為空襲警報響了數次。過去幾週，廣島幾乎每晚都會拉響警報。B–29轟炸機當時會以廣島東北方的琵琶湖作為集結地點，無論美軍計畫攻擊哪座城市，此種「超級堡壘轟炸機」總會先飛過廣島附近的沿海空域。空襲警報徹夜響起，卻遲遲不見「B先生」到訪的身影，使得市民人心惶惶；一則謠言流傳了開來，聲稱美軍為廣島精心準備了特別的回禮。

谷本牧師身形瘦小，說話很快，時而大笑，時而落淚。他留有一頭稍長的中分黑髮，眉弓突出，鬍子、嘴巴和下巴看來格外小些，使他的外貌帶有奇特的老少矛盾之感——既有少年的稚氣，又透著老成的睿智；既顯得孱弱，又充滿熱情活力。他舉止急促且略顯焦慮，但始終保持克制，透露出他是個深思熟慮的謹慎之人。在原子彈落下前的不安日子裡，這些特質展現得尤為明顯。除了讓妻子夜宿於牛田之外，谷本牧師還忙著撤出教堂裡可搬運的物資，從人口密集的住宅區流川遷至位於己斐的一棟宅邸內。那裡距市中心約三．二公里，屋主是人造絲製造商松井先生，他將自己閒置的宅邸慷慨開放給親朋好友，讓他們將貴重物品撤離至較遠的安全地帶，以避開可能遭受轟炸的區域。用兩輪拖車搬運椅子、讚美詩集、聖經、祭壇器具和教會紀錄對谷本牧師而言並不費力，但面對沉重的風琴和直立鋼琴，他不得不尋求他人協助。前日，他的朋友松尾先生幫忙他將鋼琴運至己斐，作為回報，谷本牧師答應今日幫忙搬運他女兒的物品。正因如此，他才這麼早起。

谷本牧師拖著疲憊不堪的身體獨自準備了早餐。前日搬運鋼琴的勞累、徹夜的輾轉難眠、數週以來的憂心和營養失衡，以及對教會事務的種種操心，一切都壓得他快喘不過氣來，難以應對嶄新一日的工作。此外，還有一件事也困擾著他。谷本牧師曾於喬治亞州亞特蘭大的埃默里學院（Emory College）修習神學，並於一九四〇年畢業；他操著一口流利英語，穿著一身美式服裝，且在戰爭爆發前和許多美國朋友保持通信；身處在人人害怕受到監視的年代，或許他也深受這種恐懼影響——他發現自己越發忐忑不安。警方曾多次盤問他，而在僅僅幾日前，他聽說頗具分量的熟人田中先生對外散布谷本牧師不可信任的言論（田中先生是東洋汽船會社的退休高層，反對基督教，以鋪張的慈善事業聞名於廣島，卻也因行事專橫而惡名昭彰）。為了消弭眾人的質疑，也為了公開證明自己是個善良的日本人，谷本牧師接下了町內鄰組長的職位（「鄰組」

為戰時鄰里互助團體）。除了原本的職務和擔憂之外，他現在還得肩負起日常工作的責任，組織約二十戶人家的防空事務。

清晨六點前，谷本牧師動身前往松尾先生家中，發現今日要搬運的是一座簞笥（日式儲物櫃），裡頭裝滿衣物和生活用品。他們隨即出發。那時的天空晴朗無雲、天氣暖和，預示著當日會格外悶熱。他們剛走沒多久，空襲警報便響了一分鐘之久，提醒敵機逐漸迫近廣島，但市民早已習以為常，因為美軍的氣象觀測機每日都會在這時段飛過。拖車在兩人一推一拉下穿越市區街道。廣島是一座扇型的城市，主要坐落於由七條太田川支流分隔的六座島嶼上；市中心的商業與住宅區占地約十平方公里，居住約全市四分之三的人口，在戰時一度高達三十八萬人，但經過數次疏散計畫後已降至二十四萬五千人。工廠和其他住宅區（郊區）緊鄰著市區邊緣，南方坐擁港口、機場，以及散落群島的瀨戶內海，而整個三角洲其餘三面則受群山環抱。谷本先生和松尾先生途經熙來攘往的商店街，跨過兩條河流，走上已斐的斜坡街道，向位於市郊的山腳前行。當他們進到山谷並遠離密集的房屋時，解除警報便傳來（雷達操作員因為只偵測到三架飛機，誤以為只是觀測機）。一路上將拖車推至那棟富人的宅邸相當費力，但他們還是成功把簞笥搬上車道並推至門口臺階前，隨後停下來歇息了片刻。屋子的側翼正好擋住了望向市區的視野。像日本這一帶的多數建築一樣，這棟宅邸由木造結構和木牆構成，承載著屋頂沉重的瓦片。玄關內滿是一卷卷被褥和衣物，看來像是堆滿蓬鬆軟墊的涼爽洞穴。大門右側有一座偌大又講究的枯山水庭園。當下並無飛機駛過的隆然之聲。早晨寧靜，空氣涼爽宜人。

頃刻間，一道巨大的閃光劃破天際。谷本牧師仍清楚記得強光由東向西劈過，從市區延伸至遠方的山丘，猶如一道橫掃天地的日光。他和松尾先生都驚恐萬分，但他們距離爆炸中心三千五百碼（約三・二公里）之外，還有時間反應過來。松尾先生立刻衝上臺階進到屋內，躲入床褥堆裡並深埋其中。谷本牧師則連跨數步，撲倒在庭院的兩塊巨石之間，將身體緊緊壓伏在石上，臉也因貼著岩石而未能目睹變故。他感受到一股衝擊突然猛烈襲來，碎裂的木頭和瓦片碎塊隨後紛紛落到身上。他並未聽見任何爆炸的聲響。（廣島幾乎無人記得聽見爆炸的聲響。不過，在通津附近的瀨戶內海的海面上，一名乘坐舢板的漁夫目擊到那道閃光，也聽見了一聲驚天巨響，這名漁夫正好與谷本牧師的岳母和姨妹住在一起；他遠在廣島三十二公里之外，那如雷霆般的震鳴卻比B－29轟炸僅八公里外的岩國還要巨大。）

谷本牧師鼓起勇氣抬起頭來，見到松井先生的宅邸已然坍塌。他以為炸彈擊中了這棟屋子。空中瀰漫煙塵，四周變得昏暗，如同黃昏降臨。驚慌之中，他未思及松尾先生仍困於廢墟之中，立刻拔腿奔向街道。他注意到混凝土牆朝內側倒塌，而非向道路崩落。剛跑上街道，他第一眼所見的是一群日本士兵。他們方才還在對面的山坡上挖掘壕洞（據說這是日軍為了抵抗入侵而修建的數千座地下據點之一，他們計畫逐山而戰、以命相抵），現在卻從本該安全的山洞中爬出，渾身是血，默不作聲，神情呆滯。

在那片看似只是局部揚起的塵霧之下，白晝逐漸受到吞噬，天色變得越發陰暗。

原子彈投下的前日，廣島市電臺在接近午夜時發布警報，稱約有兩百架B－29轟炸機正朝本州南部迫近，建議市民撤離至指定的「安全區域」。住在幟町的裁縫遺孀中村初代太太平時總會聽從指示，立刻喚醒十歲的兒子敏男、八歲的女兒八重子，以及五歲的女兒三重子，並為三個孩子穿好衣服後，前往位於城市東北角的軍事用地「東練兵場」。她在那裡鋪好墊子，讓孩子們睡在上面。凌晨兩點左右，軍機的轟鳴從廣島上空掠過，使他們從夢中驚醒。

軍機一駛過，中村太太便帶著孩子離開，回到家時已是兩點半之後。她馬上打開收音機，卻又聽到最新的空襲警報，讓她心頭一沉。她見到孩子們疲困不堪的模樣，再想到過去幾週一次次趕去東練兵場避難，但每回皆是白費力氣，便決定不理會廣播，不願再白白折騰一遍。她讓孩子們回到被窩，自己也在三點躺下並沉沉睡去，累到連軍機稍晚飛過城市都不曾察覺。

清晨七點左右，突如其來的警報將中村太太驚醒。她立刻起床，迅速穿衣，趕往鄰組組長中本先生的家中詢問該如何應對。中本先生說若非聽見緊急警報（一陣間歇的刺耳警報），否則應待在家。她回到家，點燃廚房爐灶煮米，隨後坐下翻閱當天的《中國新聞》。讓她稍感安心的是，解除警報於八點響起。她聽見孩子在床上翻來覆去，於是過去給了他們一把花生，囑咐他們再多睡一會兒，因為昨夜肯定讓他們累壞了。她本來希望孩子們繼續好好休息，住在附近的鄰居卻開始大肆拆屋，敲打、劈鋸的嘈雜聲響接連不斷，吵得他們無法安眠。縣政府和眾多市民一樣相信廣島遲早會遭受攻擊，因此推行防火巷道的拓寬工程並強迫居民配合，計畫讓開闢出的巷道能與河流交織，抑制燒夷彈轟炸所引發的火勢蔓延；為了城市的安全著想，她的鄰居只得忍痛犧牲自己的屋子。就在前日，縣政府還徵調所有體格強健的女中學生前來幫忙清出巷道，而她們在警報解除後便開始工作。

中村太太回到廚房看了看米飯，接著望向正在拆屋的鄰居。起初，她對那名男子製造的噪音感到無比厭煩，隨後卻因心生憐憫而差點落下淚來。明明已身處無可避免毀滅的戰時，卻還得一塊一塊地親手拆除自己的家。她不僅惋惜鄰居的處境，也為整座城市的苦難深感哀痛，對自身遭遇的辛酸更是不言而喻。她的生活十分不易。其丈夫勳在三重子出生後便受徵招入伍，從此杳無音訊，直到她在一九四二年三月五日收到一則電報，上面僅寫著短短一句話：「勳於新加坡光榮戰死。」她後來才得知丈夫死於二月十五日（新加坡陷落的那日）且當時的軍銜是伍長（下士）。勳生前是一名不太富裕的裁縫，唯一留下的家當是三國牌的縫紉機。他去世後，軍餉停止發放，中村太太無依無靠，只能搬出那臺縫紉機，開始接些縫補的零活，以此勉強撫養孩子，但日子過得非常拮据。

當中村太太站在廚房注視鄰居拆屋時，眼前驟然閃現一道純白光芒，比她所見過的任何白色都更加刺眼。她還未來得及查看鄰居的情況，母親的本能便促使她即刻奔向孩子。然而，她才剛邁出一步（她的屋子距離爆炸中心地一千三百五十碼，約一．二公里），一股猛烈的衝擊便將她拋向半空，重重摔過隔壁房間高起的臥榻，房屋的碎片在她身後接踵而至。

她墜地之際，木板接連塌落，瓦片如大雨般砸向她的身體；她被埋在廢墟之下，世界頓時陷入一片黑暗。所幸身上瓦礫不算厚重，她掙扎著爬起並脫身而出。一陣淒厲哭喊傳來──「母親，救救我！」──她看見小女兒三重子受困於瓦礫堆中，身體被埋到胸口而動彈不得。中村太太發狂似地朝著女兒爬去，卻並未看見其他兩個孩子的身影或聽見他們的呼喊。

──

在原爆前的安穩日子裡，藤井正和醫師的工作不算太忙，生性享樂的他每天都會賴床到九點或九點半，但剛好在原子彈落下的那日清晨早起，得為家中的賓客送行。他六點就起床，半個鐘頭後和友人走過兩條河流，前往不遠的車站。他在七點前回到家，正好聽見警報響起。吃完早餐後，他因天氣很熱而脫到只剩內衣，隨後便去到外頭的廊臺上翻閱報紙。這座廊臺──或者該說整棟建築──的結構十分獨特，沿著京橋川懸建其上，一旁就是同名的橋。藤井醫師親自管理這家典型的日式醫院，這類的私人醫院都由單一醫師獨自經營。院內有三十間病房提供病人和陪同親屬入住；根據日本的習俗，住院患者通常會有家人陪伴照料，負責準備飲食、幫忙洗浴、按摩、讀書並給予源源不絕的關懷，沒了這些對病患而言是很痛苦的一件事。醫院裡沒有床位，病人都睡在草蓆上，但藤井醫師不乏各種先進的現代設備，如X光機、透熱療儀器，以及配備完善的實驗室。這棟建築的三分之二建於陸地，三分之一則以木樁架在京橋川的潮水之上。懸挑的部分是藤井醫師的住所，外觀雖然看似古怪，但夏天十分涼爽，且廊臺正對河面並遠離城市中心，能夠看見遊船來回穿梭，景色令人心曠神怡。當太田川與其河口支流水位上漲，藤井醫師總會惴惴不安，但支撐建築的木樁應該足夠穩固，醫院始終安然無恙。

藤井醫師過去一月過得相當悠閒，因為到了七月，日本未遭攻擊的城市已經所剩無幾，廣島看來也無法倖免，於是他開始拒收病患，擔心倘若發生燒夷彈轟炸，自己無法及時疏散病患。醫院目前僅剩兩名病患，一名是來自矢野的女子，其肩部受傷；另一名則是二十五歲的年輕男子，他在廣島附近工作的鋼鐵工廠遭遇轟炸而導致燒傷，如今正在康復。院內仍有六名護士負責照顧病患。藤井的妻兒都很安全；妻子和一個兒子住在大阪郊外，另外一個兒子和兩個女兒則住在九州鄉下。與他同居的只剩姪女、一名女傭和一名男僕。他沒什麼工作可忙，但並不介意，因為早已存下了一筆錢。五十歲的他身體康健、開朗穩重，喜歡在晚上和友人喝點威士忌，總是適量而不縱飲，純粹只為享受談話。戰前，他偏好蘇格蘭和美國進口的威士忌，現在則非常喜愛日本的頂級品牌三得利。

藤井醫師穿著內衣盤腿坐在廊臺一塵不染的涼蓆上，戴上眼鏡後開始翻閱《大阪朝日新聞》。他喜歡閱讀大阪的新聞，因為他的妻子就在那裡。忽然，他看見一道閃光。由於背對爆炸中心且視線專注於報紙，對他而言，光芒呈現耀眼的黃色。他驚愕得試圖站起（當時距離爆炸中心一．四公里），醫院此刻猛地斜傾，發出駭人的撕裂聲響，接著轟然塌入河中。藤井醫師起身的剎那，巨大的衝擊將他瞬間拋飛，在空中接連翻滾旋轉，受到猛烈撞擊又被死死箍住；他的腦中一片混亂，一切發生得太快。隨後，他感受到水流。

藤井醫師還來不及思考死亡將至，便意識到自己仍活著，胸口緊緊困在兩根長木間，彷彿巨大的筷子夾住一口食物。他動彈不得，所幸頭部位在水面之上，身體和雙腿則在水下。醫院的殘骸散落四周，凌亂的破碎木材和止痛藥品堆積各處。他的左肩傳來劇烈的疼痛，眼鏡也不見蹤影。

——

爆炸當日的早晨，耶穌會的威廉．克蘭佐格神父的身體狀況相當虛弱。日本戰時的飲食無法提供他足夠的營養，而且身為外國人，他深切感到日益排外的社會氛圍，承受著極大的壓力；即使他是德國人，自從祖國戰敗後，在日本也不再受到歡迎。克蘭佐格神父已經三十八歲，卻長得很像發育過快的青少年——臉龐瘦削、喉結突出、胸膛凹陷、手長無力，腳大笨拙。他走路時身體微微前傾，經常感到疲憊不堪。更糟的是，他和同僚切希利克（Cieslik）神父這兩日因腹瀉而折騰不已，兩人都將此歸咎於戰時配給的豆類和黑麥麵包。另外兩位住在幟町傳教區的神父——拉薩勒（LaSalle）神父及席費（Schiffer）神父——則較為幸運，未曾受到這種苦。

克蘭佐格神父在原子彈落下那日的清晨六點醒來，他因身體不適而行動稍慢，半鐘頭後才開始在傳教區的教堂舉行彌撒。那座教堂是一座小型的日式木造建築，沒有擺設長椅，因為日本信眾習慣跪坐在榻榻米上，面對裝飾華麗的祭壇，上頭擺滿精緻的絲織物、黃銅和銀製器皿，以及厚重的刺繡布品。那日是週一，參加彌撒的人不多，只有住在傳教所的神學生竹本先生、教區祕書深井先生、虔誠的管家村田女士，以及其他同僚。當彌撒結束，克蘭佐格神父讀起感恩禱告時，警報忽然大作。他立刻中斷儀式，傳教士們紛紛穿過院子進入更大的建築。在他位於一樓正門右側的房間裡，克蘭佐格神父換上自己在神戶的六甲中學教書時取得的軍服；他老是在空襲警報時穿上這套服裝。

每當警報響起，克蘭佐格神父總會外出張望天空，這次也不例外。他走出屋外，看見每日都會在這時段飛過廣島的氣象觀測機，大大鬆了一口氣，確信不會有事發生，便安心回到室內和其他神父共進早餐——代用咖啡和配給的黑麥麵包；這些對他來說格外難以下嚥。幾位神父閒聊了一會兒，直到解除警報在八點傳來，他們隨後各自忙去。席費神父回房寫作。切希利克神父坐在房內的椅上看書，一邊用枕頭壓住腹部以緩解不適。拉薩勒主任神父站在房間的窗前沉思。克蘭佐格神父進到三樓的房間，脫到全身只剩內衣，側躺在行軍床上翻閱《時代之聲》。

那道駭人的閃光乍現後——克蘭佐格神父事後回想，說這讓他回想起兒時讀過巨大隕石撞擊地球的記載——他的腦中仍來得及閃過一道念頭（當下距離爆炸中心約一・三公里）：炸彈正好落在我們頭上了。過了半晌，他便失去意識。

克蘭佐格神父毫無印象自己是如何離開屋子的。他恢復意識後，驚覺自己身穿內衣，徘徊在教會的菜園，左腹還有幾道小傷口滲著血。他環顧四周，看到所有建築已然倒塌，唯有耶穌會的傳教所屹立不搖——早年有位名叫格羅伯（Gropper）的神父因為恐懼地震，特意加固了建築結構。天色頓時變得昏暗，他聽見管家村田女士的哭喊從附近傳來：「主耶穌啊，憐憫我們吧！（主イエス、憐れみたまえ！）」

紅十字醫院外科部門的佐佐木輝文醫師，在從鄉下前往廣島的火車上回想起昨夜做的惡夢。他和母親住在城外四十八公里之遠的向原，搭車通勤到醫院需要兩個鐘頭。他整夜輾轉難眠，比平時早醒一小時，感覺渾身乏力且輕微發燒。他猶豫是否該去醫院上班，但心中的責任感最終還是迫使他搭上更早的班車。那場夢讓他格外不安，因為那與他最近的煩惱有驚人的相似之處。佐佐木醫師年僅二十五歲，剛在中國的青島醫學專門學校（俗稱東亞醫專）結束訓練，胸懷理想的他對母親家鄉貧乏的醫療資源十分憂心。於是，他每日便在結束八小時工作加上四小時通勤之後，於未經許可的情況下為鄉民看病。然而，他最近才得知非法行醫的懲罰相當嚴苛；他曾向同僚請教此事，結果遭對方狠狠訓斥。儘管如此，他仍執意如此。在夢中，他正為鄉民診療，警察和那名同僚卻突然闖入，將他拖出去痛打了一頓。在火車上，他已暗自打算放下在向原行醫的志願，因為他深知此事與他在紅十字醫院的工作規定相互衝突，高層絕不會批准。

抵達終點站後，他立刻轉乘路面電車。（他後來細細回想，倘若自己搭的是平日那班火車，且等候電車的時間也如往常一樣的話，那麼在爆炸發生的當下，他可能會身處市中心附近，必死無疑。）他於七點四十分到達醫院，並向外科主任報到。幾分鐘後，他去到一樓為病患抽血以進行梅毒血清測試，測試用的培養箱位於三樓的實驗室。他左手拿著血液樣本，沿著走廊走向樓梯，整個早上都心不在焉、渾渾噩噩，或許是受那場夢境和不眠之夜所致。他經過一扇敞開窗戶一步的瞬間，爆炸的強光便照耀整條走廊，宛如偌大的攝影閃光燈。他單膝跪地，做出只有日本人才有的反應對自己說道：「佐佐木、加油！拿出勇氣來！（佐々木、がんばれ！勇気を出せ！）」就在此刻（醫院距離爆炸中心一．五公里），一波猛烈的衝擊襲捲整棟醫院。他的眼鏡被震飛，手中的試驗管砸向牆壁而粉碎，氣流捲走了他腳上的草履——所幸，他身處的位置安全，因此逃過一劫。

佐佐木醫師大喊外科主任的名字，衝向他的辦公室，卻見到玻璃碎片割得他渾身是傷。醫院陷入一片混亂：厚重的隔板和天花板塌落病患身上、床鋪東倒西歪、有人被震碎的窗戶割傷、鮮血濺滿牆壁和地板、醫療器具散落各地、病患驚聲尖叫且四處奔逃，但更多人倒臥在地，已沒了氣息。（在佐佐木醫師原本正要前往的實驗室中，一名同事當場喪生；而他剛抽好血、幾分鐘前還在為梅毒檢測結果憂心忡忡的病患也不幸身亡。）佐佐木醫師驚覺，自己是醫院裡唯一毫髮無傷的醫師。

佐佐木醫師以為敵軍只轟炸了自己所在的建築，他趕緊拿起繃帶為醫院內的傷患包紮。建築外頭，整座城市充斥身受重傷和垂死掙扎的市民，他們蹣跚走向紅十字醫院，彷彿一場無法抵擋的潮水，徹底淹沒了佐佐木醫師，使得之後很長一段時間，他都忘記了自己昨夜的夢魘。

——

原子彈落下的那天，東洋製罐工廠的職員佐佐木敏子小姐（和佐佐木醫師沒有親戚關係）在凌晨三點便起床，因為手邊還有許多家務等著處理。她十一個月大的弟弟昭雄在前日患了嚴重的胃疾；母親帶他去到田村兒科醫院看診，並留在院內照料。當時約二十歲的佐佐木小姐不僅要為父親、弟妹和自己準備早飯，還得替母親和弟弟張羅三餐，因為醫院無法在戰時供膳。她得趕在父親上班前備妥，好讓他順路帶去製造砲兵部隊橡膠耳塞的工廠。她收拾好廚房後，已經將近七點。他們一家住在已斐，通勤到位於觀音町的罐頭工廠需要四十五分鐘。她負責工廠的人事記錄。她七點出門，一抵達工廠便和幾名人事課的女同事前往禮堂，因為一名當地的海軍士兵（也是工廠的前員工）於前日跳軌自殺身亡，由於這種死法足夠體面光榮，工廠決定在上午十點為其舉行追悼儀式。佐佐木小姐和其他同事花了大約二十分鐘在大禮堂內準備會場。

之後佐佐木小姐回到辦公室的座位上，那裡和左側的窗戶有些距離，身後有兩座高大的書櫃，上頭擺滿人事課整理的工廠藏書。她將一些物品放進桌子抽屜，整理了一下桌上的文件，打算在開始登記新進、離職和入伍人員的名單之前，先和右側的年輕女同事聊上幾句。然而，就在她轉頭背對窗戶的剎那，房間瞬間被刺眼的強光吞沒。恐懼攫住她的身體，使其困在椅子上動彈不得良久（工廠距離爆炸中心一．五公里）。

一切在片刻間崩塌，佐佐木小姐當場昏厥。天花板轟然垮下，樓上的木製地板破裂，人們接著紛紛墜落，屋頂也隨之傾覆。她身後沉重的書櫃最先向前撲來，成堆的書籍將她壓倒在地，其左腿嚴重扭曲並骨折。在罐頭工廠裡，在原子時代的最初之刻，一個人類被書本壓垮了。

佐佐木輝文醫師

事發時距離爆炸中心約一・五公里。時年二十五歲，紅十字醫院的外科醫生。和母親住在向原，每日花費四小時通勤。由於對家鄉缺乏醫療資源感到失望，下班後仍在未經許可下替鄉民看診。

第二章

火

The Fire

爆炸發生後，谷本清牧師慌忙跑出松井家宅邸，驚愕目睹壕洞旁的士兵滿身鮮血。這時一名神情恍惚的老婦走來，她左手捂頭，右手托著背上約三、四歲的小孩，邊哭邊喊著：「我受傷了！我受傷了！我受傷了！」谷本牧師接過孩子並背到身上，攙扶老婦走下街道，沿路壟罩塵埃而昏暗不清。他將老婦送到附近不遠的小學校（國民學校），那裡先前已被指定為緊急的臨時醫院。這分善舉讓谷本牧師暫時忘卻了恐懼。抵達學校後，他驚見地上滿是玻璃碎片，還有五十或六十幾名傷者等候救治。他的心中浮現一道念頭：雖然解除警報已經響起，自己也不曾聽見戰機轟鳴，但這裡肯定遭受多枚炸彈的轟炸。他忽然想起，剛剛商人宅邸裡庭園的人造山能夠俯瞰己斐乃至整座廣島市，於是匆匆跑回松井家。

谷本牧師站在小丘上，一幅觸目驚心的景象映入眼簾。他原本以為只有己斐的一隅深陷汙濁的煙塵，卻未料到整個廣島皆沉沒於駭人的濃霧之中。近處和遠方的煙霧簇簇升起，從漫天塵埃中直竄而上。他不禁疑惑，如此恐怖的破壞究竟如何降臨在這片死寂的天空下；若真有戰機掠過，理應能聽見轟鳴聲響才對。四周的房屋受到火舌吞噬，彈珠般巨大的水滴直直落下，他以為是消防員正在救災。（然而，這些水滴其實來自廣島的數哩高空之上，由一股洶湧翻騰著塵埃、熱線及核分裂碎片彷彿巨塔狀的天幕冷凝而成。）

谷本牧師聽見松尾先生呼喚他，詢問他是否安好，才從震撼中回過神來。玄關置放的被褥緩衝了坍落房屋的重量，松尾先生因而倖免於難並成功脫困。谷本牧師已經無心回應，他的思緒受到擔憂全然占據——他的妻兒、他的教會、他的家園、他的會眾，全都身陷在那片陰森黑霧之下。恐懼再次湧上心頭，他朝市區拔腿奔去。

——

裁縫遺孀中村初代太太在爆炸後掙扎爬出家屋殘骸，見到小女兒三重子遭掩埋至胸口並動彈不得，立刻在碎石上艱難前行，奮力拉起木樑、拋開瓦片，急切想將孩子救出。此時，她隱約聽見廢墟之下的深處，傳來兩道微弱的哭

喊：「救救我！救救我！（助けて！助けて！）」

她呼喚十歲兒子和八歲女兒的名字：「敏男！八重子！」

腳下的聲音回應了她。

中村太太暫且放下尚能呼吸的三重子，拼命清理埋沒呼救聲的厚重瓦礫。孩子們原本相隔十呎睡覺，兩人的聲音現在卻像是傳自同一處。敏男似乎還動得了，因為她感覺到他在底下掏挖，她自己則在上方移除殘骸。終於，她看見敏男的頭，便急忙將他拉出。他的雙腳被蚊帳緊緊纏住，彷彿有人費心包裹似的。他說自己被炸到房間另一頭，落在妹妹八重子身上。這時八重子說自己的雙腿被壓住而無法動彈。中村太太繼續清理，挖出了一道縫隙，拉起女兒的手臂。「好痛！（痛い！）」八重子哭喊。「現在不是喊痛的時候！」中村太太焦急回道，將哭泣的女兒猛拽上來。最後，她也救出了三重子。三個孩子滿身塵土、瘀青累累，卻沒有半點割傷或擦傷。

中村太太帶著孩子們走上街道。他們身上只穿著內褲，即便那日天氣酷熱，她還是擔心他們會著涼，於是轉身回到那片廢墟，從瓦礫下挖出先前為緊急狀況打包的衣物，替他們穿戴褲子、襯衫、鞋子和棉製的防空頭巾，甚至還很笨重地套上大衣。孩子們一語不發，唯有五歲的三重子不斷問道：「為什麼已經天黑了？為什麼我們的房子倒了？發生了什麼事？」中村太太也不知道發生了何事（解除警報不是才剛響起嗎？），她環顧昏暗的四周，只見整座鄰里已成廢墟。隔壁原本為了開闢防火巷道而拆除的屋子如今倒得徹底，只是手法極為粗暴；而為了社區安全而犧牲家宅的屋主現在卻橫屍在瓦礫中。鄰組組長的妻子中本太太滿頭鮮血，走到街上說她的嬰兒被嚴重割傷，求問中村太太是否有繃帶能用。她爬進殘破的家中找出裁縫用的白布，撕成條狀後交給中本太太。她在途中瞥見縫紉機，又折返回去並將其拖出。她知道自己帶不走那臺沉重的縫紉機，便隨即把一家人賴以為生的工具丟入她視為庇護的所在——門前的混凝土蓄水槽裡（當局要求每戶人家皆須設置以防空襲火災）。

神情緊張的畑谷太太叫住中村太太，讓她一同逃到淺野公園的林中。那座公園位於京橋川畔，屬於曾經掌管東洋汽船會社的淺野家族，如今成為社區指定的避難之地。她瞥見鄰近的廢墟冒出火光（廣島的大火多由易燃物落在爐灶或電線上所引發，唯有爆炸中心地的火勢是由核彈引燃），中村太太想前去撲滅火勢。畑谷太太說：「別傻了！要是飛機再來投彈呢？」於是，中村太太趕忙帶著孩子和畑谷太太趕往淺野公園，一路背著裝有緊急衣物、毯子和雨傘的背包，以及一只手提箱，裡頭放了早先藏在防空洞裡的物品。他們經過一棟棟倒塌的房屋，聽見瓦礫堆下傳來微弱的呼救聲。途中唯一矗立的建築是耶穌會的傳教所，旁邊是中村太太曾送三重子上學的天主教幼兒園。她看見克蘭佐格神父只穿內衣、滿身血跡，手裡握著小皮箱，從屋內踉蹌奔出。

——

就在爆炸發生後，克蘭佐格神父穿著內衣在菜園茫然徘徊，拉薩勒主任神父從建築物的暗角走出。他渾身是血，背部的傷勢尤其嚴重；他扭過身子遠離窗外的閃光時，細小的玻璃碎片朝他襲來。克蘭佐格神父精神恍惚，問了一句：「其他人呢？」這時，另外兩位住在傳教所的神父現身，並未受傷的切希利克神父正攙扶著席費神父，他的左耳上方有一道鮮血直流的傷口，臉色一片慘白。切希利克神父內心稍感慶幸，自己在看見閃光之後跳進了門廊，因為他事前便已判斷那裡是建築中最安全的地方，事後果然逃過一劫。拉薩勒神父吩咐切希利克神父在席費神父失血致死之前帶他去找醫師，並建議去找住在轉角的神田醫師或六個街區之外的藤井醫師。兩人即刻離開傳教區並走上街道。

傳道士星島先生的女兒跑向克蘭佐格神父，著急說道她的母親和妹妹被埋在後方倒塌的房屋下。同時，神父們也發現位在教會外側的幼兒園老師的住屋倒了下來，將她重重壓在底下。拉薩勒神父和管家村田太太將老師合力救出，克蘭佐格神父則奔向星島家並奮力搬開瓦礫。殘骸下方並未傳來絲毫聲響；他一度以為她們早已喪命。最後，在看似原是廚房一角的地方，他瞥見了星島太太的頭部。克蘭佐格神父認為她沒了氣息，便伸手扯起她的頭髮，未料她卻猛地大喊：「好痛！好痛！（痛い！痛い！）」他又繼續挖開周圍，終於將她拉了出來，隨後也在瓦礫堆中救出她的女兒。所幸，兩人皆無大礙。

傳教所旁的公共澡堂竄起火舌，但因風向朝南，神父們認為傳教所不會受到波及。不過為了保險起見，克蘭佐格神父還是決定進屋取些重要物品。他踏進房內，發現裡頭亂得離奇。急救藥箱仍安好掛在牆上，但一旁的衣物卻不翼而飛。他的書桌四分五裂，碎片散落各處，唯有藏在桌下的紙提箱完好如初，甚至把手朝上且立在門口，就等著他前來拿取。事後回想，克蘭佐格神父將此視為天主的安排，因為裡頭裝有他的祈禱書、整座教區的會計帳簿，以及一筆由他負責的教會基金。他隨即跑出建築並把提箱留在教會的防空洞中。

與此同時，切希利克神父和血流不止的席費神父折返回來，表示神田醫師的宅邸已成廢墟，熊熊烈火也擋住了去路，他們無法穿越原以為只是局部受災的區域，前往藤井醫師位於京橋川畔的私人醫院。

——

藤井正和醫師的醫院早已不在京橋川畔，而是整棟覆落河水之中。藤井醫師的胸口遭木樑緊緊壓迫而動彈不得，就在這昏暗的早晨裡懸於原地整整二十分鐘。一道念頭閃過腦海——潮水很快就會從河口湧入，屆時自己會被活活淹沒——這份恐懼激起他求生的意志；他又扭又轉，就算左臂因肩傷而軟弱無力，仍竭盡所有力氣掙扎，最終擺脫木樑的鉗制。稍作喘息後，他爬上木堆，找到傾至岸邊的長木，忍著疼痛攀爬而上。

藤井醫師此時渾身濕透且汙垢斑斑，只穿著破爛的內衣，鮮血從下巴和背部的傷口直直流下。他拖著狼狽不堪的身軀走上依舊屹立在河上的京橋，而他的醫院所在之地如今只剩殘磚破瓦。沒戴眼鏡的他眼前一片模糊，但仍足以看清周圍滿是倒塌屋舍的駭人景象。他在橋上碰見友人町井醫師，困惑地問道：

「你認為那是什麼？」

町井醫師回答：「肯定是莫洛托夫花籃。」那是日本人指稱「莫洛托夫麵包籃」、也就是集束炸彈的好聽說法。

起初，藤井醫師只看見兩處火光，一處在醫院對岸，另一處在南邊較遠的地方。但同時間，他和町井醫師注意到令人不解的現象，兩人討論起來：此刻火勢不多，卻有源源不斷的傷者陸續湧過橋梁，宛若一條沒有盡頭的苦難遊行，人人的臉和手皆展示著可怕的燒傷。「你覺得為什麼會這樣？」藤井醫師問。那日，哪怕只是憑空的臆測，也讓人感到格外安心。町井醫師堅持己見，說道：「應該是因為莫洛托夫花籃的關係。」

當日早晨，藤井醫師走到車站送別友人時，空中沒有一絲微風，然而此刻，狂風橫掃四方；橋上的風從東邊襲來。新的火勢竄起且蔓延得快，沒過多久，滾滾熱浪席捲而過，夾雜飛舞不止的火花，迫使人們倉皇離開橋面。町井醫師趕往遠方河岸，沿著尚未著火的街道奔逃。藤井醫師走入河中到京橋下方，底下早有二十餘人躲著，其中還有幾名從他的醫院瓦礫堆中爬出的員工。他在水中望見一名護士雙腿被夾著吊在斷木上，還有另一名的胸口被樑重重的壓住，看起來很痛苦。他召集橋下的人將她們合力救出。有這麼一刻，他彷彿聽見姪女的聲音，卻始終找不見人影，此後也不曾聽聞她的消息。四名護士和兩名病患也一同葬身廢墟。藤井醫師回到河中，等候火勢平息。

藤井醫師、神田醫師和町井醫師在爆炸後的處境，也就是廣島多數醫師的寫照。他們的診所和醫院全毀、器材四散，身體也因不同程度的傷勢而難以行動，這解釋了為何許多受傷的市民未獲照料，原本有機會活下去的人只能無助死去。全市的一百五十名醫師中有六十五人罹難，其餘大多受了傷；一千七百八十名護士中，有一千六百五十四人死亡或重傷而無法工作。在規模最大的紅十字醫院，三十名醫師中僅剩六名還能勉強上工，兩百餘名護士中只有十人尚能行動。那裡唯一毫髮無傷的醫師是佐佐木醫師。爆炸發生後，他立刻趕去儲藏室取些繃帶，但裡頭早已一片狼藉——如同醫院的每個角落一樣——藥瓶掉落破碎、藥膏濺得滿牆、器械四散各處。他抓起繃帶和一瓶完好的紅汞，趕回外科主任的辦公室替他包紮傷口。然後隨即來到走廊，為受傷的病患、醫師和護士包紮止血。他因未戴眼鏡而視線不清，於是取下受傷護士的眼鏡借用，雖然度數並不合適，但總比什麼都沒有好。（他後來依靠這副眼鏡過了足足一個多月。）

佐佐木醫師已無暇思考，只能搶先救治眼前的傷者。很快，他留意到走廊上逐漸擠滿了人影。在處理擦挫和撕裂傷的同時，嚴重燒傷的比例越來越高，他這才意識到街上的傷患正蜂擁而入。人數多到他忙得不可開支，只得暫時擱置傷勢較輕的人；他清楚自己唯一能做的，就是盡可能防止傷者失血過多而死。沒過多久，無數傷者倒臥和蜷縮在病房、實驗室、走廊、樓梯、大廳、大門口的車廊、石階、車道、庭園和外頭的街道。受傷的人攙扶殘廢的人；面容損毀的家人相互依靠。嘔吐聲四起。成群的女學生們——當中有人被迫離開課堂，前往戶外開闢防火巷道——拖著傷痕累累的身體進到醫院。在這座擁有二十四萬五千人的城市裡，近十萬人若非當場喪命，就是注定無法生還；另有十萬餘人受傷。一萬多名傷者擠向不堪負荷的紅十字醫院，六百張床位早就全被占滿。在那擠到近乎窒息的人群中，悲泣與嗚咽此起彼落，不斷對佐佐木醫師哭喊：「先生！先生！」受傷程度較輕的人拉住他的衣袖，哀求他去救救那些身受重傷的人。佐佐木醫師的腳上只穿著襪子，在一片混亂中拉扯推擠，難以計數的傷者使他不知所措，血肉模糊的場面使他驚愕不已；他漸漸失去身為外科醫師和憐憫之人的意識，成了一部冰冷機械，反覆相同的動作——清理、上藥、包紮；清理、上藥、包紮。

——

對廣島的某些傷者而言，連住院治療都算是一種奢侈。在東洋製罐工廠的人事課辦公室廢墟裡，失去意識的佐佐木敏子小姐蜷縮身子，壓在一層厚重的書籍、灰泥、木板和波浪鐵皮之下。她事後回憶，自己大約昏迷了三小時。當她恢復意識，首先傳來的感覺是左腿難以忍受的劇痛。書下一片漆黑，意識與昏迷之間只有一線之隔；她似乎反覆徘徊在這條界線上，因為痛楚時而湧現、時而消退。在疼痛最劇烈的時刻，她甚至以為自己膝蓋以下的左腿被活活截斷。之後，她聽見有人走過上方的瓦礫，數道悲哀的聲音從周圍底下傳出：

「拜託，救救我們！」

——

克蘭佐格神父用藤井醫師前幾日送來的繃帶，盡力幫席費神父止住那道不斷滲血的傷口。包紮完後，他再次跑進傳教所，翻出並套上他的軍服外套和灰色舊長褲，隨後回到戶外。住在附近的一名婦人跑來，說她的丈夫被壓在房子底下，而那裡正在起火，懇求他前去救人。

面對這鋪天蓋地的悲痛，克蘭佐格神父已經變得麻木茫然，只是回道：「我們沒有多少時間了。」四周大火蔓延，風勢漸強。「你知道他受困的確切位置嗎？」他問。

「知道，知道。」她說，「快來。」

他們奔赴屋前，見到那裡已經化為一片火海。然而，到了現場才知道婦人不知丈夫被埋在何處。克蘭佐格神父高喊數次：「有人在嗎？」始終無人回應。他對婦人說：「得走了。再不走，我們都會死。」他回到傳教區，告訴主任神父火勢正隨著北風迫近，是時候全員撤離了。

此時，幼兒園老師指著傳教所的二樓窗戶，驚呼教區祕書深井先生正站在那裡，望向爆炸的方向泣不成聲。切希利克神父認為樓梯無法通行，跑到屋後找來梯子，卻聽見附近倒塌的屋頂下傳來哭喊。他朝街上逃難的行人求助，但無人理會，於是只能忍痛拋下受困的民眾，任由他們死去。克蘭佐格神父跑進屋內並奔上滿是泥灰和木板的歪斜樓梯，來到房門口大喊深井先生的名字。

那名年約五十的矮小男子緩緩轉身，露出異樣神情說道：「讓我留在這裡。」

克蘭佐格神父進到房內，一把抓住深井先生的外套領口，說：「快跟我走，不然你會死的。」

深井先生回道：「就讓我在這裡死去吧。」

克蘭佐格神父扛住深井先生的肩膀，試圖將他拉出房間，神學生也上前抱起他的雙腳，兩人合力將他抬到樓下的戶外。「我走不了！」深井先生哭喊。「讓我留在這裡！」克蘭佐格神父取出裝錢的紙提箱，並將深井先生背起，一行人出發前往東練兵場，那裡是當地指定的安全區域。他們走出大門時，深井先生像個孩子似地拍打神父的肩膀，一邊嗚咽：「我不走。我不走。」克蘭佐格神父轉向拉薩勒神父說道：「雖然我們失去了所有，但至少幽默感沒丟。」

街上滿是屋舍崩塌的殘骸，無數電線杆傾倒，電纜也隨之垂落。每經過幾戶人家，就會聽見瓦礫堆下響起懇切的哀喊：「請救救我！（助けてくれ！）」他們驚恐認出，有些傳來呼救的廢墟正是熟識友人的家，但因火勢過大，早已無力相救。深井先生沿路低泣：「讓我留下。」一行人來到一排倒塌的房屋前，見到熊熊烈焰吞噬著街區，只好折右前行。他們準備跨過榮橋並前去東練兵場時，發現對岸的整座社區身陷火海；他們不敢冒險，只能轉往左側的淺野公園避難。這幾日來，克蘭佐格神父本就因腹瀉而身子虛弱，如今背上的重負仍不停掙扎，他在試圖翻越擋住去路的倒塌屋舍時意外絆倒，帶著深井先生一起摔落，自己跌至河邊。他爬起後，看見深井先生已經跑開。克蘭佐格神父向站在橋邊的幾名士兵大喊，讓他們趕快攔住他。克蘭佐格神父本想追上前去，但拉薩勒神父喊道：「快點！別浪費時間了！」於是，克蘭佐格神父只好請求士兵好好看顧他。他們剛應允，神父們便看見那名心碎的矮小男子掙脫開來，毅然決然地奔赴火場，他最後的身影消失於火光之中。

谷本牧師滿心牽掛家人和教會，決定沿著己斐公路以最短的路線奔向市區。他是唯一逆向前行的人，迎面而來的是數不清的逃難者，各各衣衫襤褸且帶有傷勢。有人的眉毛燒盡，皮膚垂掛在臉或手上；有人因劇痛而高舉雙臂，彷彿懷中抱著什麼東西；有人邊走邊嘔吐。許多赤裸的身體上，燒灼的痕跡勾勒出吊帶的印記，一些婦女的身體甚至烙印出和服的花樣（因白色反射熱能，而深色布料吸收熱能，將其傳導至皮膚上）。不少人即使帶傷，也攙扶著身受重傷的親人。他們大多低頭直視前方，沉默不語，面無表情。

谷本牧師一路跑過己斐橋和觀音橋，在接近市中心時，他看見四周房屋盡數倒塌，其間烈火高竄，樹木光禿焦黑。他數次嘗試衝過廢墟，但每每受到火牆攔阻。屋下傳來人們求救的哭喊，但沒人伸出援手；一般來說，那日的倖存者只有心力拯救親人和鄰居，因為面對那無邊無際的苦難絕望，他們無從理解，也承受不住。傷者拖著蹣跚步伐經過他人悽慘的呼喊聲，谷本牧師亦從他們之間奔跑而過。作為基督徒，他為那些受困者深感不捨；作為日本人，他因自己毫髮無傷而羞愧不已。他在奔走之中默默禱告：「願主救救他們，將他們帶離火海。」

他打算往左繞過火場，便退回觀音橋沿著河岸前行，但所有路口都堵死了，只得再度向左並一路奔向橫川，那裡有一座車站位於環繞城市半圈的路線上。他依著鐵軌前進，直到迎面遇上一列熊熊燃燒的列車。此刻，城市大範圍滿目瘡痍的景象驚得他啞口無言，他轉而往北跑了三．二公里，抵達位於山腳下郊區的祇園。沿途上，他一再經過滿身焦痕、傷痕累累的人們，每次擦身都會心懷愧疚地別過頭說道：「抱歉我身上沒有像你們一樣背負著傷痛。」鄰近祇園時，他遇見來自鄉間的人們計畫進城救援。他們看見他時都紛紛驚呼道：「快看！竟然有個男人沒有受傷。」到了祇園，他轉向太田川右岸往下游走，直到再次碰上重重火海。對岸並無火勢延燒，他脫下襯衫和鞋子，縱身躍入水中。河中水流湍急，疲憊與恐懼終於將他擊潰——他那時已跑了將近十一公里——他的身體癱軟無力，只能隨著河川載浮載沉。他祈求道：「主啊，求求您幫助我渡過。別讓我成為唯一毫髮無傷卻溺死在河裡的人，這太荒謬了。」他咬牙再游幾下，終於踏足下游的一處沙洲。

谷本牧師爬上岸，沿著河堤奔跑，直到接近一座大型神社時，再次遭逢火勢阻擋。當他試圖轉身繞過，竟奇蹟般地遇見妻子。她的懷裡抱著年幼的女兒。谷本牧師如今已心力交瘁，沒什麼能再使他驚訝。連個擁抱也沒有，他只淡淡說道：「平安就好。」妻子告訴他，自己剛從牛田夜宿返家，便正好碰上爆炸；她和懷中的孩子被埋在牧師寓所。她說殘磚破瓦壓在自己身上，孩子嚇得啼哭不止。她看見一道光灑下，伸手一點一點地挖掘縫隙。大約半鐘頭後，她聽見木材灼燒的聲響。最終，她成功將女兒從打開的縫隙中推出，自己也爬了出來。她準備回去牛田避難。谷本牧師說自己要回到教會看看，並照顧鄰組的人們。他們在困惑中輕輕道別，一如他們遇見彼此那樣。

谷本牧師繞過火場，穿越了東練兵場——那裡原為疏散區域，現在反倒成了慘不忍睹的閱兵場，橫陳一排又一排燒傷和流血的人們。遭受火吻的傷者呻吟：「水！水！」谷本牧師在附近的街巷找到洗臉盆，又在廢墟中發現仍可使用的水龍頭，於是開始提水給那些痛苦呻吟的生人。他為大約三十人送上水後，才驚覺自己耽誤了太多時間。「不好意思，」他大聲對那些伸手哀求的人說，「我還有很多人要照料。」他接著便帶著洗臉盆離去，再度跑到河邊並跳下沙洲。他在那裡見到無數遍體鱗傷的人，他們身受重傷而只能倒臥沙地，無力再逃離那座深陷火海的城市。他們一看見完好無傷的人站在面前，就開始齊聲呼喚：「水，水，水。」谷本牧師無法視若無睹，只好舀起河水給他們，卻不知那是不可飲用的潮水。幾艘小船正從淺野公園前來戴運傷者渡河，其中一艘靠岸後，谷本牧師再次致歉並跳上小船。他在公園的草叢中發現鄰組的人，他們按照他先前的指示來此避難；他還見到許多熟識的面孔——克蘭佐格神父和其他天主教徒。但他並未在人群中找到與自己交情不淺的深井先生。「深井先生在哪裡？」他問。

「他不肯和我們離開。」克蘭佐格神父說。「他跑回去了。」

當佐佐木小姐聽見同樣受困工廠廢墟之下的人們說話，便開始和他們交談。離佐佐木小姐最近的同僚是受徵召到工廠的女高中生，她說自己的背斷了。佐佐木小姐回道：「我也躺在這裡動不了。我的左腿被截斷了。」

一陣子後，她再度聽見有人從上方走過，腳步聲移到一旁後開始挖掘。那人救出幾名受困者，而女高中生身上的重物被清開時，她才發現背其實沒斷，所以自己爬了出來。佐佐木小姐往那人呼喊，他便朝自己的方向繼續挖掘。他搬開一大堆書本，終於挖出一個小通道，露出他大汗涔涔的臉說道：「小姐，出來吧。」佐佐木小姐試了一番卻徒勞無功。那人又清理出來一些重物，讓她用盡全力再試一次。然而，書本沉沉壓在她的臂上，那人也終於看見書上方還壓著書櫃和沉重的樑木。「等等，」他說，「我去拿撬棍來。」

那人離開許久，當他回來時，臉上卻露出不耐的表情，好似佐佐木小姐的困境是她自己的錯。「我們沒有人可以幫你！」他對通道大喊。「你得自己爬出來！」

「我辦不到。」她說。「我的左腿……」那人便走開了。

過了良久，又有幾名男子前來幫忙，將佐佐木小姐合力救出。她的左腿沒有遭到截斷，但嚴重骨折、傷勢駭目，膝蓋以下扭曲歪斜。他們將她抬到院子。那時正下著雨。她坐在濕淋淋的地上。雨勢漸大，有人喊著要所有傷者前往工廠的防空洞避難。「快來吧。」一名遍體鱗傷的女子對她說。「你可以用單腳跳。」但佐佐木小姐動也動不了，只能在雨中等待。一會兒後，一名男子撐起一大片鐵皮，搭出簡易的臨時遮蔽處，並將她抱到那裡。她心懷感激，直到他又帶來兩名身受重傷的人——男人的臉龐燒得焦爛，女人的胸部血肉模糊——和她共處一隅。沒人再回來過。雨停了，多雲的午後悶熱；入夜之前，那三名躺在傾斜、扭曲的鐵皮下、幾乎不成人形的傷者，身上已開始傳出難聞的氣味。

——

天主教神父們所屬的幟町鄰組中，曾有個幹勁十足的前組長名為吉田。他在擔任地方的防空分團長時吹噓，就算大火吞噬廣島，也絕不會燒進幟町。然而，爆炸將他的屋子夷為平地，他的雙腿遭木樑死死壓住，就這樣倒臥街邊，無助地望著對面的耶穌會傳教所和街上的人影匆匆經過。一陣混亂之際，中村太太與她的孩子們忙著趕路，克蘭佐格神父也背著深井先生慌張逃難，幾乎無人注意到他；他成了無盡苦難中的一道模糊身影。他們和眾人一樣，只能繼續前行。幟町最終化作廢墟，大火無情席捲而過。吉田先生目睹木造的傳教所——此處唯一矗立的建築——受到火舌吞沒，熱浪不斷撲向他的臉。火勢順著街道蔓延，強行闖入他的屋宅。他在驚恐之中爆發力量，掙脫束縛並逃進幟町的巷弄，卻被自己斷言不會到來的大火圍困。自那刻起，他變得像個老人；不過兩個月，滿頭盡是一片灰白。

——

藤井醫師浸在水中，只露出脖子以上的部位以躲避烈火帶來的灼熱。風勢越加狂烈，即使河道不寬，浪依舊翻湧得兇猛，使橋下的人難以站穩。藤井醫師移到岸邊蹲伏下來，用尚能使力的手臂緊抱大石。待火勢稍緩，藤井醫師和另兩名倖存的護士沿著河岸走了約一百八十公尺，來到淺野公園附近的沙洲，見到許多傷者倒在沙地上。町井醫師和他的家人待在那裡；他的女兒在爆炸時身處戶外，四肢受到嚴重燒傷，但所幸臉部完好無損。儘管藤井醫師的肩膀痛得難耐，他仍仔細檢視了一番女孩的傷勢。事後，他也躺下休息。縱然眼前皆是悲慘的景象，他依舊為自己狼狽模樣感到羞恥，對町井醫師說自己身穿殘破不堪又血跡斑斑的內衣，看起來就像個乞丐一樣。午後，大火漸熄，藤井醫師決定前往父母位於長束的家中，並讓町井醫師一家同行，但他因女兒的傷勢而打算留在沙洲過夜。藤井醫師和兩名護士前行，首先抵達牛田，在親戚尚未全毀的屋中找到事先儲備的急救物資，互相包紮傷口後繼續上路。此刻，街上的行人不多，橫臥街頭、嘔吐不止、等待死亡的人們卻不少。前往長束的路上，死屍越來越多，令人難以置信。藤井醫師不禁疑惑：區區「莫洛托夫花籃」真能帶來如此毀滅嗎？

傍晚，他回到老家，那裡距離市中心八公里，但屋頂已經傾塌，窗戶也全數破碎。

——

整日裡，人潮不斷湧進淺野公園。這座私人庭園距離爆炸夠遠，所以園中的竹子、松樹、月桂和楓樹皆安然無恙。這片綠地吸引難民前來，一方面是因為他們相信美軍若再回來，只會攻擊建築物；另一方面是因為那片綠蔭讓人感到一絲清涼和生氣，裡頭講究的枯山水庭園、靜謐的池塘和拱橋亦帶來熟悉且安心的氛圍；也因為（根據當時在場的人所陳述）無法抗拒的原始本能驅使他們躲進樹叢之中。中村太太和她的孩子們最先抵達，在河邊的竹林安頓下來。他們乾渴難耐，忍不住飲用河水，卻立刻反胃、嘔吐，整日都感到噁心不適。其他人也有同樣症狀，以為那是美軍投下的毒氣造成的（多半是因為空氣中瀰漫濃烈的電離氣味，那正是核分裂所釋放出的「電氣臭味」）。克蘭佐格神父和其他神父陸續抵達公園，沿途對熟識的人點頭示意，而中村一家這時早已虛弱不振倒在地上。一名住在傳教區附近、名叫岩崎的女子坐在中村一家附近，她站起身詢問神父們，自己應該留在原地，抑或與他們同行。克蘭佐格神父答道：「我也不知道哪裡才安全。」她於是留下，並在那日稍晚死亡，即使身上沒有任何明顯的傷勢。神父們沿著河岸走，最終在一片灌木叢中歇下。拉薩勒神父躺倒便沉沉睡去。神學生穿著拖鞋，隨身攜帶一綑衣物，裡頭放了兩雙皮鞋。安頓下來後，他才發現捆包破了，鞋子只剩兩隻左腳。他回頭尋找，總算找回一隻右腳的鞋子。他在返回後說道：「真奇怪，我昨天還把鞋子當成最寶貴的東西，今天卻毫不在意了。有一雙湊合穿就夠了。」

切希利克神父說：「我懂。我本來還打算帶書，結果轉念一想，現在根本不是看書的時候。」

谷本牧師手裡拿著洗臉盆抵達公園時，裡面已經擠滿了人，眼前都是難辨生死的身影，因為人們大多倒臥在地、雙眼睜開。對克蘭佐格神父這西方人來說，數百名身受可怕重傷的平民此時安靜地聚集在河畔林蔭下，是他一生中見過最驚心動魄又令人敬畏的景象。傷者沉默；無人啜泣，抑或痛得哀嚎；無人有一句怨言；臨死之人無聲離去；孩童並不哭鬧；連開口說話的人也寥寥無幾。當克蘭佐格神父將水遞給那些因爆炸而面目全非的人，他們甚至還會微微起身並鞠躬致謝。

谷本牧師向神父們問候，隨後開始尋找其他友人。他看見衛理公會學校主任的妻子松本太太，詢問她是否口渴。松本太太點頭說是，他便在園中的池塘為她取水。隨後，他決定嘗試回到教會，循著神父們逃出幟町的路線，但沒走多遠便被街上猛烈的火勢逼退。他轉往河畔，開始尋找小船，協助重傷者渡河並遠離蔓延的火勢。不久，他發現一艘夠大的遊船停泊岸邊，但上頭和周邊橫陳五具近乎赤裸的焦屍，從這幾位罹難者倒下的姿勢看來，他們生前應是正在合力將船推進河中，卻不幸於同一時刻赫然喪命。谷本牧師小心移走遺體，內心卻感覺到打擾死者的恐懼和愧疚，好像自己攔阻了他們出航駛往冥界，於是大聲說出：「請原諒我帶走這艘船，我得用它來救活著的人。」他奮力將那艘沉重的平底船推入水中，但沒有船槳可以使用，只找到粗竹竿來取代。他划往上游，抵達公園最擁擠的地方，開始來回載運傷者渡河。每次可載十到十二人，可是河中央太深，難以用竹竿撐船，只得慢慢划行而過，使得每次耗時甚久。他就這樣反覆往返數個鐘頭。

中午過後，大火延燒至淺野公園的林地。谷本牧師在船上望見大批人潮向河邊聚集，他上岸前去查看情勢，發現火勢逐步逼近，便高聲呼喊：「還能動的年輕人，快跟我來！」克蘭佐格神父將席費神父和拉薩勒神父安置岸邊，請求旁人若火勢靠近就把二人送往對岸後，隨即加入谷本號召的志願者行列。谷本牧師讓部分人尋找臉盆和水桶，其他人則用衣物撲打著火的灌叢；當工具備妥，他組織眾人排成隊伍，用水桶接力的方式從庭園的池中汲水，齊心救火兩個多鐘頭，終於將火勢成功撲滅。與此同時，驚恐的人群不斷擠向河邊，迫使無處可退的人跌落水中，其中不幸溺斃的便有衛理公會學校的松本太太和她的女兒。

克蘭佐格神父救火歸來，發現席費神父仍在流血、臉色蒼白。幾名日本人駐足旁觀，席費神父虛弱地微笑低語：「好像我已經死了一樣。」「還早的很。」克蘭佐格神父回道。他帶來了藤井先生的急救藥箱，並在人群中發現神田醫師，請求他為席費神父包紮傷口。神田醫師剛在醫院廢墟中找到妻女的遺體，此刻雙手抱頭坐著喃喃說道：「我什麼都做不了。」克蘭佐格神父只好再為席費神父纏上更多繃帶，將他移至坡地，讓他抬高頭部，出血很快便減緩些許。

這時，上空傳來戰機的轟鳴。中村太太附近的人群中有人喊道：「格魯曼戰機來掃射我們了！」一位名叫中島的烘焙師站起來指揮：「所有穿白衣的人，快點脫掉。」中村太太脫去孩子們的襯衫，打開雨傘讓他們躲在下面。眾人紛紛爬進樹叢，連嚴重燒傷的人也慌忙跟上，直到戰機的轟鳴——顯然是偵察機或氣象觀測機——漸漸遠去。

天空開始下雨。中村太太讓孩子們待在傘下。雨滴異常地大，有人喊道：「美國人在投放汽油。他們打算燒死我們！」（這種恐慌源於公園裡流傳的臆測，解釋廣島為何遍地盡成焦土：據說有架飛機在城市上空潑灑汽油，隨後瞬間點燃了大火。）不過，這些水滴明顯就是水，且伴隨著雨勢，風也越來越強，忽然間——可能是因為整座城市的熊熊烈火引起了劇烈的對流——急勁旋風席捲公園。大樹倒下，小樹則拔地而起、飛上空中。在更高處，數不清的片狀物件在旋轉氣流中翻騰，鐵皮屋頂、紙張、門扉及草蓆碎片滿天飛舞。克蘭佐格神父用布蓋住席費神父的雙眼，讓虛弱的他不至於以為自己發瘋了。教會管家村田太太原本坐在岸邊，狂風將她吹落河堤下遍布石子的淺灘，雙腳被割得鮮血淋漓。旋風移向河面、捲起水柱後最終消散。

暴風過後，谷本牧師再次開始載運傷者。克蘭佐格神父吩咐神學生過河，前往耶穌會位於長束、距離市中心四．八公里的初學院（Novitiate），請那裡的神父前來幫助席費神父和拉薩勒神父。神學生隨即登上谷本牧師的船離去。克蘭佐格神父詢問中村太太，是否願意在神父前來時和他們一起前往長束。她說自己有些行李，孩子們也身體不適——他們仍不時嘔吐，自己亦然——恐怕不便同行。克蘭佐格神父說，他認為初學院的神父們隔日就會帶上兩輪拖車前來。

晚午時分，谷本牧師暫時上岸不久，便聽見耳邊傳來人們飢餓的哀求——

他的行動力與活力現在成了許多人的依賴。他和克蘭佐格神父商量，決定冒險回到市區，從谷本牧師的鄰組和傳教所的防空洞取些米來。切希利克神父和其他幾名人士也一同前往。起初，踏入斷壁頹垣的街上，他們無法辨別自己身在何處；早晨還居住著二十四萬五千人的熙攘城市，到了午後卻只剩下一片焦土斑駁的殘景，如此驟變令人難以適應。柏油路面因大火而仍灼熱柔軟，行走其上倍感難受。他們在路上只遇見一名女子，她淡淡說道：「我的丈夫在那片灰燼下。」抵達傳教所後，谷本牧師脫離隊伍，克蘭佐格神父則因見到建築被夷為平地而心痛不已。他經過庭園時看到藤蔓上有顆烤熟的南瓜，和切希利克神父嚐了一口，發現竟意外地美味。他們驚覺自己餓得不輕，於是好好果腹了一番。他們拿了幾袋米，又選了幾顆南瓜，還從土中挖出烤得剛好的馬鈴薯，隨後踏上返程。谷本牧師中途與他們會合。他帶來的人之中有人帶了烹煮器材。回到公園後，谷本牧師動員他的鄰組裡傷勢較輕微的婦女負責煮飯。克蘭佐格神父將南瓜分給中村一家，但他們吃了幾口便全部吐光。總之，米飯還足以餵飽近百人。

日落之前，谷本先生遇見年僅二十歲、住在他隔壁的鄰居鎌井太太。她蹲坐在地，懷中抱著明顯死去的女嬰。鎌井太太一看見谷本牧師便跳起身問：「可以請您幫忙找找我的丈夫嗎？」

谷本牧師知道她的丈夫昨日才剛受陸軍徵召入伍；他和谷本太太昨天下午也安慰了鎌井太太，讓她暫時忘卻憂心。鎌井先生被分派到中國軍管區司令部——位於廣島市中心的古城附近——當地駐有約四千名士兵。有鑑於谷本牧師那日見到許多身受重傷的士兵，他揣測無論是什麼物體襲擊了廣島，這場浩劫很可能已將兵營夷平大半。他明白就算認真尋找也只會是徒然一場，但仍不忍心拒絕。「我會找找看的。」他說。

「請您一定得找到他。」她說。「外子很愛這孩子。我想讓他再看看我們的小寶寶最後一眼。」

克蘭佐格神父

距離爆炸中心約一・三公里。三十八歲的德國耶穌會神父。約翰・赫西在廣島採訪時的主要協助者。因吃不慣戰時配給的食物，身體虛弱。德國戰敗後他感到社會氛圍日益排外。

第三章

詳情仍待查明

Details are being Investigated

原子彈引爆當天的傍晚時分，一艘日本海軍汽艇在廣島的七條河川上緩緩穿梭。汽艇停泊各處，對著躺滿上百名傷患的沙洲、對著橋上擁擠的人群發出廣播，最後在暮色降臨時，駛至淺野公園的對岸。一名年輕軍官站起並透過擴音器喊道：「請各位耐心等候！海軍醫療船將前來提供救治！」那艘汽艇的船身整潔，在對岸一片殘破的背景下格外醒目；艇上的軍官穿戴筆挺、從容不迫；他所帶來的承諾——是這可怕的十二小時內，眾人首次聽聞的救援消息——大大振奮了公園裡的災民。中村太太安頓孩子休息，深信會有醫師前來減緩他們的噁心症狀。谷本牧師繼續划船載送傷者渡河。克蘭佐格神父躺下默唸主禱文和聖母經，隨後便沉沉睡去；他剛入眠不久，認真盡責的管家村田太太便搖醒他問道：「克蘭佐格神父！您有記得唸晚禱嗎？」他語帶不耐地回覆：「當然有。」他試圖再次入睡，卻無法如願以償。這似乎正合村田太太的心意，她開始和疲憊不堪的神父閒聊，問他初學院何時會帶人來撤離拉薩勒主任神父和席費神父。

克蘭佐格神父派去傳口信的神學生，已在四點半抵達位於四・八公里外山丘上的初學院。當地的十七名神父正忙於市郊的救援工作；他們心繫市區的同僚，但不知該往何處尋人。得到消息後，他們立刻用竿子和木板做了兩副擔架，六名神父在神學生的領路下急忙趕往受災區域。他們沿著太田川前行，兩度遭灼熱火勢逼得躲入河中。行至三篠橋時，他們遇上一長排士兵正從位於市中心的中國軍管區司令部撤退，各個滿身駭人的燒傷，一手撐著拐杖或靠著旁人，宛若一場恐怖怪誕的強行軍。幾匹燒傷、虛弱的馬低垂著頭站在橋上。當救援隊伍抵達公園時，天色已黑，午後強風吹倒的樹木也倒落四處，使踏出的每一步都變得極其困難。最終——就在村田太太提出她的問題不久後——他們找到受傷的神父們，並為其送上葡萄酒和濃茶。

前來救援的神父們討論該如何將席費神父和拉薩勒神父送往初學院，擔心若將兩人置於木製擔架上顛簸穿過公園，會令他們失血過多。克蘭佐格神父想起谷本牧師，便高聲呼喚河面上的他。谷本牧師靠岸後，說他樂意將兩位受傷的神父和搬運他們的人員送往上游，在那裡應該能找到尚可通行的道路。眾人將席費神父抬上擔架並置於船上，由兩名神父負責載運。谷本牧師仍無划槳可用，只能用竹竿撐船緩緩逆流而上。

約莫半鐘頭後，谷本牧師返回，迫切請求剩下的神父幫忙營救一對姊妹，她們受困河中，水已淹至肩膀。一群人隨即出發，將失去家人、嚴重燒傷的女孩們救上了岸。神父們將她們安置在克蘭佐格神父的身側，然後便送拉薩勒神父上船。切希利克神父認為自己還能步行到初學院，於是跟著其他前來救援的神父一同登船。克蘭佐格神父體力不支，決定次日再走，並請他們帶兩輪拖車回來，這樣就能將中村太太和她不適的孩子們送往初學院。

谷本牧師再次啟程。一行人緩緩航向上游之際，微弱的呼救哭喊聲傳來耳邊，其中一名女子的聲音尤其明顯：「有人要淹死了！救救我們！水淹上來了！」呼喊來自一處沙洲，船上的人在火光的映射下，看見好幾名傷者躺在河岸邊緣，幾乎已遭上漲的潮水淹沒。谷本牧師想要幫忙，但神父們擔憂席費神父等不了，催促他繼續前行。他將眾人送至先前放下席費神父的地點，隨後獨自前往沙洲。

那晚天氣炎熱，照映夜空的烈火使氣溫更高，但是兩位獲救姊妹中的妹妹對克蘭佐格神父說自己冷得難受。他為女孩蓋上外套。她們已經困在河中鹽水好幾個鐘頭。妹妹身上有大片裸露的燒傷，鹽水想必使她極其疼痛。她開始劇烈顫抖且一再喊冷。克蘭佐格神父向旁人借了毯子並將她包裹起來，她卻抖得越發厲害，最後說了一句：「我好冷。」便驟然停止顫抖，失去了氣息。

谷本牧師在沙洲上發現約二十名男女。他駛近岸邊催促那些人登船，但見眾人一動也不動，才發覺他們虛弱得無法起身。他伸手抓住一名女子的雙手，未料她的大片皮膚隨之剝落，宛若脫下的手套。他驚得作嘔，不得不坐下緩緩情緒。他雖身材瘦小，仍然設法將幾名裸身的男女抬到船上。他們的後背與胸膛一片血肉模糊，使他想起這一整日所目睹的嚴重燒傷：起初泛黃，接著紅腫且皮膚脫落，最後在晚上化膿和發臭。潮水漲起，他的竹竿如今太短，中途只得用划的過河。他將渾身焦爛濕黏的活人一一抬至對岸高地並遠離水邊。他不斷在心中提醒自己：「他們都是人啊。」他來回了三趟才帶他們全數過河。結束之後，他決定先回到公園休息。

谷本牧師踏上漆黑的岸邊，意外絆到一人，身旁傳來怒喊：「看路！那是我的手。」一面對受傷的群眾，谷本牧師感到愧疚，羞於自己還能好好行走，頓時想起尚未抵達的海軍醫療船（事實上也從未到來），心中升起一股盲目、凶狠的怒火，怨嘆那些姍姍來遲的船員和所有醫師。他們為何不來拯救這群受苦的人們？

藤井醫師位於城市邊緣、沒有屋頂的家宅中，躺在地上，整夜承受著劇烈疼痛。他在燈籠的燈光下檢查自身傷勢：左肩鎖骨骨折；臉和身上多處擦傷和割傷，下巴、背部和雙腿都有深層割傷；胸膛和軀幹大片瘀傷；幾條肋骨也可能斷裂。他若未受重傷，很可能會在淺野公園協助救人。

夜幕降臨時，已有一萬名「被爆者」湧入紅十字醫院，筋疲力盡的佐佐木醫師臉上仍戴著受傷護士的眼鏡，手拿一綑綑繃帶和一瓶瓶紅汞，神智恍惚地來回穿梭在充斥惡臭的走廊上，為沿路所見的嚴重傷口一一包紮。其他醫師則忙著用生理食鹽水濕敷嚴重燒傷的部位。這便是他們所能做的一切了。天黑之後，他們只能依靠城市火光和十名剩餘護士所持的蠟燭繼續工作。佐佐木醫師

整日不曾望出窗外；院內景象已夠駭人，他從未想過要探究外頭發生的浩劫。天花板和隔板掉落；遍地可見灰泥、塵土、鮮血與嘔吐物。數百名傷患接連死去，無人有餘力移走屍體。醫院員工分發了餅乾和飯糰，但現場瀰漫的屍臭實在令人作嘔，幾乎沒人有胃口吃得下東西。隔日凌晨三點，經歷了整整十九小時的救治工作，佐佐木醫師已無力再處理傷口，和其他幾名倖存的醫院員工一同取了草蓆走出戶外——成千名傷患和上百名死者倒臥庭園和車道——繞到醫院後方，打算躲起來爭取片刻休息。然而，不到一小時，傷者便找到他們，圍在四周不斷哀嚎：「醫生！幫幫我們！你們怎能睡得著？」佐佐木醫師於是再次回到崗位。清晨時分，他才想起住在向原老家的母親。那裡離市區四十八公里，他每晚都會通勤回去。他擔心母親以為自己罹難了。

——

谷本牧師送神父們前往的上游附近，有一大箱麻糬放置在那兒，顯然是救援團隊原本打算分發給周遭傷者的。神父們在撤離前分了一些來吃。幾分鐘後，一隊士兵走來，其中一名軍官聽見他們說著外語，立刻拔劍並歇斯底里地質問他們是誰。一名神父趕緊安撫他，說明他們是德國人——日本的盟國。軍官隨即道歉，表示收到了美國傘兵降落的消息。

神父們決定先撤離席費神父。準備出發之際，拉薩勒神父說自己感覺非常冷。其中一名耶穌會士脫了外套給他，另一名則脫了襯衫；在這般悶熱潮濕的夜晚，少穿一件衣物反倒快活了些。他們提起擔架出發。神學生領路，試圖警告其他人前方的障礙物，但一名神父不慎被電話線絆倒而鬆手，擔架一角跟著落地。席費神父滾下擔架並失去意識，醒來後便開始嘔吐。他們將他扶起，繼續趕往城郊，與早先安排好的人手交接後，隨即折返並帶離拉薩勒神父。

木製擔架對拉薩勒神父而言無疑是場煎熬的折磨，他的背上滿是窗戶玻璃的微小碎片。鄰近郊區時，一行人得設法繞過一輛堵塞狹窄道路的焚燒汽車，但擔架一側的搬運者看不清黑暗的前路，意外跌入深溝。拉薩勒神父摔落地上，擔架也斷成兩截。一名神父前去初學院拿取拖車，途中在一間空房旁找到了一輛，就拖回來。他們將拉薩勒神父抬上拖車，一路顛簸載運回去。初學院院長——他在參與宗教團體前曾是醫師——替兩名神父清理傷口，將他們安頓在鋪有潔淨床單的寢榻上。兩人向上帝表達感謝，對自己收到的關懷與援助滿懷感激。

——

數以千計的受難者無人照料，佐佐木小姐便是其中之一。她被無助地遺棄在罐頭工廠院子裡簡陋的遮棚下，身旁倒臥失去一側乳房的女人和燒得面目全非的男人，她整晚忍受著斷腿帶來的劇痛。她徹夜難眠，也未與同樣失眠的旁人交談。

——

在公園裡，村田太太整夜與克蘭佐格神父說話，使他無法入睡。中村一家也無法安眠；孩子們儘管身子不適，仍對周遭發生的一切備感好奇。他們看見市內其中一處煤氣儲存槽炸出龐大的烈焰時興奮不已。兒子敏男還呼喚眾人快點看河面上的倒影。谷本牧師經歷整日的長途奔波和救援活動，勉強打了個盹。他在破曉時分醒來，並望向對岸，發現自己昨夜並未將潰爛、癱軟的傷者送至沙洲上夠高的地方，而潮水已漫過原處；他們無力自救，恐怕皆已溺斃。他看見多具屍體浮在河面上。

——

八月七日早晨，日本電臺首次發布簡明扼要的公告，與其內容息息相關的廣島倖存者卻很少人聽過：「廣島遭受數架B－29轟炸機攻擊而損害嚴重。據信敵軍採用了新型炸彈。詳情仍待查明。」他們更不可能碰巧聽見美國總統透過短波廣播發表的重大聲明，宣布新型炸彈正是原子彈：「這種炸彈的威力超越兩萬噸的TNT，更比英國的大滿貫炸彈（Grand Slam）的威力強兩千倍，而後者正是戰爭史上使用過最大的炸彈。」那些還有餘力思索發生了什麼事的遇難者，仍將浩劫歸咎於幼稚而簡單的理由——飛機灑落汽油、易燃氣體或集束炸彈，亦可能是傘兵造成的；但就算將真相攤在他們眼前，許多人不是忙得不可開交，就是精疲力竭，或者身受重傷，可能無暇也無力在意自己竟是原子能實驗的首次對象；（據短波廣播中的那道聲音所言）世上唯有美國具備這種工業技術知識和決心，投入二十億美元金幣到一場戰時的重大賭局中，才能夠研發並執行這場偉大試驗。

——

谷本牧師對醫師的憤恨猶在，並決定親自帶一位前來淺野公園——哪怕得拽著他的脖子，也非得這麼做不可。他過河並經過昨日與妻子短暫相遇的神社，隨後抵達東練兵場。此地早已規劃成疏散區域，他認為能在這裡找到救護站。果不其然，他找到由陸軍醫療小隊設立的救護站，但也看見醫師忙得焦頭爛額，數千名傷患與屍體遍及眼前的整座廣場。儘管如此，他還是走上前去，用責備的語氣質問其中一名軍醫：「你們怎麼沒去淺野公園？那裡的人們急需救援。」

那名軍醫頭也沒抬，只用疲憊的聲音回道：「我負責的崗位在這裡。」

「可是河岸那裡也有很多瀕死的人。」

「首要的任務，」軍醫說，「是救治輕傷者。」

「為什麼——難道要放著河岸那麼多的重傷者不管嗎？」

軍醫移至另一名傷患。「在這種緊急狀態下，」他以背誦指南的口吻說道，「應盡可能拯救越多人越好。重傷者撐不了多久就會死去，不該花費心思在他們身上。」

「從醫學觀點來看或許沒錯——」谷本牧師剛想反駁，但望向廣場上死者與生者緊靠在一起的景象便語塞而去，對自己的無能為力十分氣憤。他不知所措，他已向那些垂死之人承諾帶來援助，而他們可能會因此含恨而終。他看見空地一旁的物資站，上前求得一些麻糬和乾糧，帶回給公園裡的人們，代替他無法兌現的諾言。

——

早晨還是同樣炎熱。克蘭佐格神父以借來的瓶子和茶壺為傷者取水。他聽說公園外頭可能還有自來水可飲用。穿越枯山水庭園時，他得又攀又爬才能通過那些倒下的松樹；他發覺自己虛弱不堪。園中處處皆是屍體。走上一座優美的拱橋時，他經過一名赤裸的女子，她全身通紅，似乎從頭到腳都被燒傷，但仍活著。在公園入口附近，一名軍醫正在救治傷患，但手邊的藥品只剩碘酒，無論割傷、瘀傷、燒傷或其他傷勢，他都一概塗抹上去；而此刻，他處理過的每一道傷口都已化膿。在公園大門外，克蘭佐格神父發現尚能使用的水龍頭——連著某棟消失民宅留下的管道——他裝滿容器後返回分給傷者，隨後再度取水。這回經過拱橋，那名女子已然死去。返程途中，他繞路避開倒樹，卻不慎迷了路。他在找尋離開林子的路徑時，聽見一道聲音從草叢中傳來，問道：「你有水嗎？」他見到樹葉中透出軍服，以為只有一名士兵，於是帶水上前。未料穿越草叢後，卻發現約有二十名男子，各個傷勢都像惡夢般嚴重。他們的面容燒得不成樣子，眼眶空洞，融化的眼球流過臉頰。（爆炸發生的當下，他們肯定面朝天空；他們或許是防空部隊的人員。）他們的嘴腫脹潰爛，無法張大放入壺嘴。克蘭佐格神父取來大片的葉子並將莖抽出以做出吸管，讓他們藉此飲水。其中一人說：「我什麼都看不見了。」克蘭佐格神父盡可能用輕快的語氣回道：「公園入口有位醫生。他現在很忙，但應該很快就會過來，把你的眼睛治好。」

自那日後，克蘭佐格神父回想起自己過去有多害怕見到傷口，連手指割傷都會使他頭昏眼花。然而，在那座公園裡，他變得麻木不已；離開那駭人的一幕後，他竟停在一個池邊的小路，和一名身受輕傷的男子討論是否該吃那條浮在水上、長兩呎（約六十公分）的肥大死鯉魚。兩人考慮後決定，還是別冒險為妙。

克蘭佐格神父三度取水並回到河岸時，在滿地傷亡之中見到一名年輕女子，她正用針線縫補自己略為破損的和服。克蘭佐格神父開玩笑道：「哎呀，您真講究打扮呢！」她笑了笑。

他感到疲倦，便躺下休息，開始和兩個惹人憐愛的孩子講話。昨日下午，他認識了這對姓片岡的姊弟；姊姊十三歲，弟弟則五歲。原子彈落下時，姊姊正準備出門去理髮店。而他們一家在前往淺野公園的途中，母親打算回家取些食物和衣服；他們於是在慌亂的人群中走散，從此音訊全無。也因此兩個活潑的孩子偶爾玩得正開心時，會忽然停下並哭喊他們的母親。

公園裡的孩童難以沉浸在災難的悲痛中。中村敏男看見他的朋友佐藤正一和家人搭船渡河而來時非常興奮，他跑到岸邊揮手喊道：「佐藤！佐藤！」

那男孩轉頭回喊：「是誰？」

「我是中村。」

「敏男，你好！」

「你們都平安嗎？」

「我們沒事。你們呢？」

「我們也好。姊姊們一直在吐，但我沒事。」

酷暑難耐之中，克蘭佐格神父開始口渴，但已無力前去取水。快中午時，他見到一名日本婦人正在發放東西。那婦人隨後來到他面前，用和善的語氣說：「這是茶葉。年輕人，嚼一嚼就不會口渴了。」這份溫柔使克蘭佐格神父不禁想哭。數週以來，日本人逐漸顯露的排外敵意讓他備感壓迫，甚至連和日本友人相處也變得令人心神不安。這名陌生婦女的舉動讓他的情緒一時潰堤。

中午左右，初學院的神父們帶著拖車抵達。他們剛從市區的傳教所遺址回來，取走一些放在防空洞的手提箱，也在教堂的灰燼中拾起融化聖器的殘骸。他們將克蘭佐格神父的紙提箱、村田太太及中村一家的物品放到拖車上，中村家的兩位小女孩也上車後，隨即準備出發。其中一名想法務實的耶穌會士想起，先前曾獲通知若因敵襲而造成財產損失，可向縣警察申請補償。他們在公園商討此事（周圍的傷者則一片死寂），最後決定由居於傳教所的克蘭佐格神父出面申請。於是，其他人隨著拖車離開，克蘭佐格神父向片岡姊弟告別後，蹣跚跋涉至警察局。身穿整潔制服的警察從外地調來接管秩序，一群衣衫襤褸且滿身塵垢的平民擠在四周，大多都在詢問失散親人的下落。克蘭佐格神父填妥表格後，走過市區前往長束。他正是在這時才真正意識到這場災難的規模和程度；他途經一座座廢墟，即使已在公園見過無數慘狀，眼前景象仍讓他倒抽一口氣。他抵達初學院時，已經虛脫到渾身癱軟。他倒在床上，臨睡前請人去帶回失去母親的片岡姊弟。

——

佐佐木小姐在那片臨時架起的鐵皮下度過了兩天兩夜，與她的斷腿及兩位令人不快的同伴為伍。她唯一能做的是透過遮蔽處的角落，看著人們用繩索從工廠的防空洞中拉出屍體。她的腿部開始變色、腫脹且散發腐臭。在那段期間，她既無食物可吃，也無水可飲用。到了第三天，也就是八月八日，一些以為她已身亡的友人前來找尋屍體，意外發現她還活著。據他們所說，她的父母和襁褓中的弟弟在爆炸當下身處田村小兒科醫院，因其建築已經徹底毀滅而被認定罹難。友人們帶來消息後便離去，留她一人思索這份噩耗。不久後，幾位男士抓住她的手腳，將她抬到遠處的卡車上。車輛行駛在顛簸的道路上約莫一小時，佐佐木小姐原以為自己的痛覺已經麻木，但這段旅程令她明白並非如此。她被帶到位於井之口地區的救援站，兩名軍醫上前檢視她的傷勢。其中一人觸碰到傷口的瞬間，她立刻痛得昏厥過去。她恢復意識時，聽見兩人正在討論是否該截肢；一人說傷口邊緣已有氣性壞疽，認為若不截肢將必死無疑，另一人則表示遺憾，因為他們沒有設備可以進行手術。她再度昏迷不醒。當她復醒後，發現自己被抬上擔架送往某處。她被安置在汽艇上，前往附近的似島，進到那裡的檢疫所。一名醫師檢查她的傷口，表示她並無氣性壞疽，但確實有相當嚴重的開放性骨折。他用冷淡的語氣說自己十分抱歉，這間醫院只收治須要開刀的傷患，因為她沒有壞疽而得在當晚被送回廣島。不過，那名醫師量了她的體溫並看見溫度計上的度數後，還是決定讓她留下。

八月八日那天，切希利克神父進城找尋深井先生——那位被克蘭佐克神父強行帶離，卻又發狂奔進火海的教區祕書。切希利克神父從最後見到深井先生的榮橋附近下手；他去到東練兵場（那裡是深井先生可能會去到的疏散區域），試圖在一片死傷者中搜尋他的身影，也去到縣警察局詢問消息。但始終一無所獲。當晚在初學院，和深井先生一同住在傳教所的神學生告訴神父們，那位秘書曾對他說：「日本就要滅亡了。要是廣島真的發生空襲，我想和祖國同歸於盡。」他們於是斷定，深井先生選擇了赴死並投身火海。再也無人見過他。

——

在紅十字醫院，佐佐木醫師整整工作了三日，只勉強睡了一小時。他從第二日開始縫合傷得最嚴重的傷口，接下來的整整一夜和隔日都在忙著縫合。許多人的傷口都已經潰爛。所幸，有人找到一批保存完好的鎮痛麻醉劑「ナルコポン」（Narucopon），他便給飽受疼痛之苦的傷患服用。醫護人員之間傳起謠言，聲稱這顆炸彈必有什麼詭異之處，因為副院長在第二日去到地下室檢視X光片庫，發現存放的照片都曝了光。當日，一名醫師和十名護士帶著繃帶和消毒劑從山口市前來，而在第三日也有來自松江市的一名外科醫師和十幾名護士加入——但醫院人手仍非常緊湊，傷患多達一萬名，醫師卻只有八名。第三日下午，疲憊至極的佐佐木醫師受夠了充滿髒汙的縫補活兒，內心十分擔憂他的母親認為自己已經罹難。他獲准前往向原，步行至還有營運的市郊電車的起點站，深夜才抵達家中。佐佐木醫師的母親始終知道他安然無恙；原來一名受傷的護士途經此地，特地前來替他報聲平安。他倒上床，一睡就是十七小時。

—

八月八日凌晨，克蘭佐格神父躺在初學院的床上，有人進房並伸手打開了懸掛的燈泡，強光忽然灑落在他半夢半醒的臉上，他驚得從被窩中跳起，打算迎接下一場爆炸的震波。他意識到情況後，不禁苦笑了出來，隨後又躺回床上，休息了整整一日。

八月九日，克蘭佐格神父仍感疲勞。院長查看他的傷勢後，說如今已不須包紮，只要保持傷口清潔，三四日後便會癒合。克蘭佐格神父心有不安，還是無法理解自己經歷了什麼；好像做了什麼可怕的虧心事一樣，他覺得有必要回到災區，於是下床進城，在焚燬的傳教所廢墟中翻找了一會兒，但什麼也沒找到。他去到幾所學校的遺址詢問熟人的消息，隨後打算探訪幾名日本教徒，卻只見到一片倒塌的屋舍。他最後走回初學院，茫然失神、毫無頭緒。

——

八月九日上午十一點二分，第二顆原子彈於長崎落下。由於日本的廣播與報紙對這種陌生的武器抱持非常謹慎的態度，廣島的倖存者們在數日之後才知道還有人跟自己有相同的遭遇。

——

八月九日，谷本牧師仍忙於公園的救援活動。他前往郊外的牛田，去到妻子寄宿的友人家中，拿出爆炸前預先存放的帳篷，將其帶回公園並搭建遮蔽處，安置無法移動的傷患。不論在公園做什麼，他總覺得自己正受到一名二十歲女子——鎌井太太——的注視。她是谷本牧師的鄰居，爆炸當天抱著死去的嬰兒遊蕩，即使屍體已在第二日開始發臭，仍抱在懷中不放整整四日。一次，谷本牧師坐下來陪她片刻，她說起那日的經過：炸彈落下時，她連同背上的孩子被埋在屋子下，當她拼命脫困後，卻發現嬰兒快要窒息，嘴裡塞滿了塵土。她用小指仔細清出嬰兒口中的異物，孩子一度恢復了正常的呼吸，看起來也無恙，但隨即便突然死去。鎌井太太也談及自己的丈夫是多好的人，並再次懇請谷本牧師尋找他的下落。谷本牧師於爆炸當日走遍全城，在各地目睹不少來自鎌井先生所屬部隊——中國軍管區司令部——的士兵全身嚴重燒傷，他很清楚即便鎌井先生還活著，要在這片混亂中尋人也毫無可能，但這番話當然是說不出口的。每當她碰見谷本牧師，都會詢問他是否有找到自己的丈夫。他有次試著暗示鎌井太太該火化嬰兒了，但她只將孩子抱得更緊。谷本牧師開始刻意避開她，但每回瞥向她時，總會發現她正直勾勾地盯著自己，眼神中流露出同樣的質問。他只得盡量背對她，躲開那道令人難以承受的目光。

——

耶穌會士們收容了五十位難民到初學院典雅的教堂避難。院長傾力提供醫療照護，但大多只能做到清除膿液。中村一家各自分得毯子和蚊帳。中村太太和她的小女兒沒有食慾，什麼也沒吃；另外兩個孩子則吃了點東西，但又全吐了出來。八月十日，友人大崎太太前來探望，說她的兒子秀夫在任職的工廠裡活活燒死。秀夫一直是敏男心目中的英雄，他常常跑去工廠觀看他操作機械。那晚，敏男從夢中哭喊著驚醒。他夢見大崎太太和她的家人從地上的洞爬出，接著看到秀夫正在操作有傳送帶的大型機器，而他自己則站在秀夫身旁；夢中這幕不知為何令他十分恐懼。

——

八月十日，克蘭佐格神父聽說藤井醫師受了傷，後來去到姓大隈的友人位在深川村的避暑別墅，便請切希利克神父前往探望。他到郊區的三瀧車站搭乘二十分鐘的電車，隨後在烈日下走了一個小時半才抵達大隈先生坐落於太田川畔位在山腳下的屋舍。他看見藤井醫師身著和服坐在椅子上，正在敷著斷掉的鎖骨。藤井醫師說他丟了眼鏡，雙眼十分不適，還展示了身上遭木樑壓出的大片瘀傷。他先是遞給那位耶穌會士香菸，接著又取出威士忌（那時才上午十一點）。為了不掃藤井醫師的興致，切希利克神父只好接受了他的好意。傭人端來三得利威士忌，兩人和屋主聊得甚歡。大隈先生住過夏威夷，講了關於美國人的事情。藤井醫師談起這場災難，說大隈先生和一名護士冒險跑進他醫院的廢墟，帶回他放進防空洞中裝有手術器械的小保險箱。藤井醫師還給了切希利克神父幾把剪刀及鑷子，請他轉交給初學院院長。切希利克神父憋著滿肚的情報，迫不及待要說出口，但還是等到話題自然轉向那顆神秘的炸彈。他說自己已經知曉炸彈的真相，消息出自最權威的來源：曾經到訪初學院的日本報紙記者。其實那根本不是炸彈，而是顆粒細小的鎂粉，由一架飛機撒落城市，與城市電網的電線接觸後引發爆炸。「這麼說來，」藤井醫師說道，似乎馬上就相信了這項消息，「這種炸彈只能在大城市中投下，而且得在白天進行才會有效，因為電車系統和其他設施那時候都在運作。」

——

谷本牧師在公園照料傷者五天後，於八月十一日回到寓所，並在廢墟中翻找出幾本頁邊焦黑的日記和教會紀錄，以及烹飪用具和陶器。當他正忙著手邊的事情時，田中小姐前來說她的父親想跟他見上一面。她的父親正是那位航運公司高層，其表面行善慷慨，實則苛薄自利，爆炸前幾日還當著眾人的面，公然誣賴谷本牧師是美國間諜，因此谷本牧師有理由對他懷恨在心。他三番兩次譏笑基督教，稱其為外來的異教。爆炸當下，田中先生走在廣島市廣播電臺前的街道上，受到嚴重灼傷，但仍能夠步行回家，躲進鄰組的防空洞中，迫切尋求醫療援助。他自認樂善好施的富有人家，料想廣島的所有醫師都會趕來為他診治。見無人到來，他怒氣難抑，挽著女兒的手臂走遍一家家的私人醫院，發現全成了斷垣殘壁，最終只能返回防空洞。他如今倒臥在地，身體虛弱且自知時候不多，願意接受任何宗教的撫慰。

谷本牧師前去探望。他走入好似墓穴的防空洞，適應周圍的黑暗後，看見田中先生的臉部和手臂腫脹潰爛、布滿鮮血，雙眼腫得睜不開，身上散發濃烈惡臭，口中不斷發出呻吟。他似乎認得谷本牧師的聲音。谷本牧師站在洞口的階梯上，借著外頭的光，拿出一本口袋型的日文聖經高聲朗讀：「在你看來，千年如已過的昨日，又如夜間的一更。你叫他們如水沖去，他們如睡一覺。早晨，他們如生長的草，早晨發芽生長，晚上割下枯乾。我們因你的怒氣而消滅，因你的忿怒而驚惶。你將我們的罪孽擺在你面前，將我們的隱惡擺在你面光之中。我們經過的日子都在你震怒之下，我們度盡的年歲好像一聲歎息……」（《詩篇》九〇：四—九）

在朗讀《詩篇》之際，田中先生噎氣了。

——

八月十一日，似島檢疫所收到通知，當天將有大量來自中國軍管區司令部的傷患抵達，因此得撤離所有平民傷患。高燒不退的佐佐木小姐被抬上大船，躺在甲板上，腿下墊著枕頭。甲板雖有遮篷，但行駛的方向使她暴露於陽光下。她感覺自己彷彿置身在放大鏡下承受著烈陽，腿上傷口分泌出膿液，整個枕頭很快便濕透了。她於廣島西南方約十五公里外的五日市登岸，受安置在臨時改為醫院的觀音小學。她在那裡躺了幾日，專治骨折的醫師才從神戶趕來。她的腿那時已紅腫至臀部。醫師研判無法接合骨折，便切了一刀，插入塑膠管引流膿液。

——

在初學院中，失去母親的片岡姊弟依舊傷心欲絕。切希利克神父努力想讓他們轉移注意力，還出了一道謎語：「世界上最聰明的動物是什麼？」十三歲的女孩猜了馬、猩猩和大象。「都不是，是河馬。」因為日語的河馬是「カバ」（kaba），倒過來唸就會變成「バカ」（baka，笨蛋）。他講了聖經故事，從創世紀開始說起，也拿出在歐洲拍的照片簿。儘管如此，他們大多時候仍哭著呼喚母親。

幾日後，切希利克神父開始協尋孩子們的家人。起初，他從警方那裡得知，他們的叔叔曾在不遠的吳市報案尋找失蹤的姊弟倆。之後，他聽說他們的哥哥試圖透過位於廣島郊外宇品的郵局追蹤他們的下落。再之後，他又獲悉孩子們的母親還活著，目前正在長崎外海上的五島。最後，他藉由宇品的郵局聯絡上了他們的哥哥，將兩個孩子平安送回母親身邊。

——

原子彈投下約一週後，一則含糊不清、難以理解的謠言傳入廣島，聲稱將這座城市夷為平地的，是原子以某種方式分裂所釋放的能量。這種武器在口耳相傳的消息中稱作「原子爆彈」，就字面意義可翻譯為「原初之子炸彈」。沒有人可以理解這個概念，反倒更願相信灑落鎂粉等等的說法。各家報紙開始從其他城市送進廣島，但仍只發表極為籠統的聲明，例如同盟通信社在八月十二日的報導所言：「除了坦承這種毫無人道的炸彈所展示的巨大威力，我們束手無策。」日本的物理學者早已帶著勞里森驗電器（Lauritsen electroscope）和奈赫電量計（Neher electrometer）抵達；他們對此再清楚不過了。

八月十二日，中村一家仍深感不適，前往了鄰近的可部，暫時投靠中村太太的小姑。翌日，儘管身子虛弱而無法走太多路，中村太太還是獨自回到廣島，先乘電車抵達市郊，接著步行進城。待在初學院的整整一週，她心中始終掛念住在袋町的母親、弟弟和姊姊，除此之外，她也覺得自己像克蘭佐格神父一樣受到某種力量牽引，驅使她甘冒危險踏足城中。然而，她發現家人都罹難了。返回可部後，她因所見所聞而震驚不已、十分消沉，整夜都說不出話來。

相較於先前的混亂，紅十字醫院內至少稍稍恢復了些秩序。佐佐木醫師休息後，著手進行分類傷患的工作（他們仍倒臥各處，連樓梯間都擠滿了人）。醫院的工作人員逐漸將爆炸現場的雜亂清理乾淨，且最令人欣慰的是，護士和護佐們終於開始處理遍地的屍體。對日本人而言，妥善火化死者並供奉其骨灰是一項遠比照料生者更重大的道德責任。第一日死亡的人，大多在醫院內外已由親屬辨認。自第二日起，每當傷患奄奄一息，醫護人員便會將寫有名字的紙條別在其衣物上。他們會將遺體搬運至外頭空地，安放於堆起的建物木材上焚化，並把部分骨灰收進寫著亡者姓名的X光片信封，一封一封整齊恭敬地疊放在本部辦公室。不出幾日，臨時設置的靈堂中，那些信封便擺滿了一整面牆。

——

八月十五日早晨，十歲的中村敏男聽見可部上空傳來飛機掠過的聲響，他衝出屋外用訓練有素的眼光認出那是一架B-29轟炸機，大喊：「B先生來了！」

家中有人回道：「你還沒受夠B先生嗎？」

這句話帶有某種象徵的意涵。幾乎就在當下，天皇裕仁以平淡沮喪的語調，首次透過廣播發表演說：「朕深鑑世界之大勢與帝國之現狀，欲以非常之措置收拾時局……」

中村太太又去了一趟城中，挖出事前埋藏於鄰組防空洞的白米。她順利將其取出並回到可部。搭乘電車的途中，她碰巧遇到自己的妹妹——爆炸當日並不在廣島。「你聽到消息了嗎？」她問。

「什麼消息？」

「戰爭結束了。」

「妹妹，別胡說八道。」

「但我是從收音機裡聽到的。」她低聲說道：「是天皇陛下的聲音。」

「哦，」中村太太說（即使原子彈已落下，她的心中仍存有一絲日本尚有勝機的執念，而這件事終於讓她認清現實），「既然如此……」

——

稍晚，谷本牧師在寄給美國友人的信中，寫下了那日的情景。「終戰之時，日本史上發生了值得特別一書的事情。天皇陛下透過無線電直接向百姓發聲。八月十五日，我們受告知會有重要消息發布，國民皆應收聽。我於是前往廣島車站，那裡的廢墟設有廣播喇叭。當時聚集了眾多市民，身上都纏著繃帶，有人靠著女兒的肩膀勉強站立，有人用木杖支撐受傷的雙腳。他們聽著廣播，意識到那確實是天皇陛下的聲音，所有人不禁潸然淚下。『天皇陛下竟親自對我們談話，我們竟能親耳聽見陛下的玉音，實乃莫大的恩賜。雖遭遇如此沉痛的打擊，我們又能說什麼呢？』當他們得知戰爭終於結束——即日本戰敗的消息——固然深感失落，但仍安然地遵從天皇的詔令，願為世界永久的和平，誠心付出犧牲。日本就此踏上嶄新的道路。」

佐佐木敏子

事發時距離爆炸中心約一・五公里。時年二十歲，東洋製罐工廠人事課職員。三年前談妥一門婚事後，未婚夫卻突然受徵招入伍，至中國戰場服役。

第四章

黍草和小白菊

Panic Grass and Feverfew

八月十八日，原子彈引爆後的第十二天，克蘭佐格神父手握紙提箱，從初學院步行至廣島。他相信這只裝著貴重物品的提箱擁有護身符般的力量，因為他在爆炸後發現這原本藏於書桌底下的提箱竟完好如初，直直立在房間門口且把手朝上，那張書桌則炸得四分五裂，碎片散落各處。現在，他用這只手提箱攜帶耶穌會所有的日圓紙鈔，要交至橫濱正金銀行的廣島分行——其建築雖半毀，仍恢復了營業。那天早上，他的身體狀況還算不錯。他身上的小傷並未在三四日後痊癒，這與院長樂觀的評估有所不同，但克蘭佐格神父已好好休養了一週，自認可以重拾勞動。他如今已習慣了沿路的恐怖景象：初學院附近的大片稻田燒出褐色條紋；市郊的屋舍依舊矗立，卻也破敗不堪且窗戶破碎、屋瓦淩亂；接著乍然映入眼簾的，是一望無際的焦紅傷痕，方圓六．四公里內的多數建築皆倒塌或焚毀；整排街區夷為平地，處處可見簡陋的牌子立在灰燼與瓦礫堆上，寫著「姊姊，你在哪裡？」或「我們平安無事，現在住在豐榮。」；赤裸樹木及傾斜的電線杆；少數僅存的空洞樓房突顯出周遭一切的橫倒潰散（產業獎勵館的圓頂徒留鋼架，宛若遭到解剖驗屍；商工會議所堅固的現代建築仍冷峻矗立；占地廣大、低矮且經過偽裝的市役所；一排殘破的銀行，彷彿成了動盪經濟的諷刺寫照）；還有街上駭人的情景——上百輛扭曲的腳踏車，以及電車和汽車留下的骨架，全在運行途中驟然停擺。沿路上，一道念頭在克蘭佐格神父的心中揮之不去：這一切的破壞竟只源自一枚瞬間引爆的炸彈。他抵達市中心的時候，天氣已變得酷熱。他走至正金銀行，其職員仍在建築一樓的臨時木造小屋中辦事。存好資金後，他途經教會舊址看了一眼廢墟，隨後返回初學院。半路上，他的身上湧現一陣異樣，那護身符般的提箱如今已空無一物，此刻卻頓時顯得無比沉重。他的雙膝乏力，感到疲憊難耐，耗了大半精神才撐回初學院。他並未將此放在心上，所以沒有告訴其他耶穌會士。然而幾日後，他在主持彌撒的過程中頭昏暈眩，經過三度嘗試仍無法完成儀式。翌日上午，院長發現克蘭佐格神父原本微不足道卻久久未癒的小傷忽然擴大、腫脹且發炎，驚訝問道：「你對傷口做了什麼？」

八月二十日早晨，中村太太待在位於可部町、離長束不遠的小姑家中，她並未在爆炸中受到半點傷，但和孩子們在初學院度過的那週都略感噁心不適。

此刻她正在梳妝打扮，發現自己竟掉了一把頭髮。她又再梳一次，又掉了一把下來，於是立刻停下。接下來的三四天，她的頭髮仍不斷自行脫落，最後近乎禿頭。她開始躲在家裡足不出戶。八月二十六日，她和小女兒三重子醒來時感到極度虛弱疲憊，得終日躺在床上休息。不過，經歷同樣遭遇的另外兩名兒女卻毫無異樣。

約莫在同一時間，谷本牧師由於正忙著在郊區租來的屋子裡設置臨時教堂，連日期都搞不清楚，他也忽然病倒，出現全身不適、疲倦和發燒的症狀，只能待在友人位在牛田的家中臥床休養。

他們四人渾然未覺，身上已悄然潛伏詭譎莫測的疾病，後來稱作「輻射病」。

——

佐佐木小姐因腿部重傷，暫時安置在五日市的觀音小學——從廣島搭乘往西南方向的電車四站便會抵達。由於感染情況嚴重，她左小腿的開放性骨折仍無法妥善處理。與她住在同一間醫院的一名年輕男子，似乎因她長期深陷痛苦而心生憐憫，又或是真的對她產生好感，將莫泊桑的日文譯本小說借給她。她試著翻閱書本，但往往讀不過四五分鐘便難以集中精神。

廣島的醫院和救護站在爆炸後最初幾週人滿為患，醫護人手也十分不穩定，全憑他們自身的健康狀況和無法預測的外援勉強支撐，使得病患迫於頻繁轉院。佐佐木小姐已被轉送三次，其中兩次還是乘船，但在八月底時又被送往廿日市的工業學校。由於她的腿傷並未好轉，反而越加腫脹，醫師們用粗糙的夾板加以固定，於九月九日用車將她轉至廣島紅十字醫院。這是她首次清醒目睹化為廢墟的廣島；上回載運她經過市區時，人已近昏迷。她雖聽聞過外頭的慘況，身上也疼痛難忍，眼前滿目瘡痍的景象仍使她驚恐萬分，其中她注意到一些事令她起雞皮疙瘩。在城市廢墟上、街溝裡、河岸邊、瓦礫與鐵皮之間，以及燒焦的樹幹上，生長出一層茂密又生機盎然的植被，彷彿帶著希望一般；新芽甚至從倒塌屋舍的地基中冒出頭來。雜草覆蓋灰燼，野花也在城市遺骸間盛開。核彈不僅沒有摧毀植物的根莖，反而促使它們蔓延各地。隨處可見美耳草、金棒蘭、藜草、牽牛花、萱草、毛豆、馬齒莧、蒼耳、芝麻、黍草和小白菊。尤其在原爆點附近，決明以驚人的生命力繁茂生長，不只挺立在同類植物焦黑的殘枝之間，更在殘磚破瓦與瀝青裂縫中探出頭來，感覺就像其種子跟著核彈一起落在這片土地上。

抵達紅十字醫院後，佐佐木小姐由佐佐木醫師負責診治。此時是原爆後一個月，醫院已經重建了秩序；躺在走廊上的傷患至少有了草蓆可睡，最初幾日耗盡的藥品也有了外地補給，儘管仍不敷使用。佐佐木醫師在第三夜返家睡了十七小時後，自此每晚僅在醫院的草蓆上睡六小時；原本就身形瘦小的他，體重減輕了九公斤，臉上也還戴著借來的眼鏡。

因為佐佐木小姐身為女性，病情又嚴重（他事後承認，或許也出於同姓的緣故），佐佐木醫師將她安排在半私人房，當時只有八名患者入住。他詳細詢問了病情，並用正確、潦草的德文在病歷上寫下：「中等身形、營養狀況正常的女性病患；左脛骨骨折且左小腿腫脹；皮膚可見黏膜布滿出血的瘀斑，有的像米粒那樣小，有的甚至跟黃豆一樣大；此外，她的頭部、雙眼、喉嚨、肺部和心臟看來沒有異狀；還有發燒症狀。」他本想為佐佐木小姐矯正骨折並打上石膏，但灰泥早已用盡，因此僅讓她平躺在草蓆上，開了退燒用的阿斯匹靈，以及治療營養不良的靜脈注射葡萄糖和口服澱粉酶（他並未將此記入病歷，因為人人皆是如此）。許多患者陸續出現各種難以解釋的症狀，佐佐木小姐的身上僅出現其中一項——出血斑。

藤井醫師的厄運尚未結束，且仍然與河流脫不了關係。他現在暫居大隈先生位於深川的避暑別墅，那棟宅邸緊臨太田川的陡岸。在此處療養的期間，他的傷勢似乎逐漸好轉，甚至開始為附近前來求診的難民治療，所用藥物都是取自在市郊儲藏的備品。在第三四週，藤井醫師注意到一些患者身上出現不尋常的症狀，但他能做的不過是包紮傷口。九月初，廣島下起連綿大雨，使河水暴

漲。九月十七日，豪雨和颱風接連來襲，岸邊水位不斷上升，大隈先生和藤井醫師驚得連忙上山避難，最後投宿於一戶農家。（在廣島市區，洪水接續了原子彈未竟的破壞：捲走尚未坍塌的橋樑、沖毀街道及掏空僅存建築的地基。而西方十六公里之外的大野陸軍醫院——京都帝國大學的專家正在那裡研究患者的延遲症狀——忽然滑落覆蓋松林的蔥鬱山坡並落入瀨戶內海，許多調查人員和染上怪病的患者都不幸葬身水底。）風暴過後，兩人下山察看，發現大隈先生的宅邸不見蹤影。

——

許多人在原子彈落下近一個月後頓感不適。一則令人不安的謠言開始傳開，最終傳到位在可部的屋中、臥病在床且已禿頭的中村太太耳裡，她聽聞原子彈在廣島留下長達七年不可消散的致命放射物，這段期間任誰都無法踏入城中。這使中村太太非常懊惱，因為她在原爆當天的混亂之中，把家中唯一的生計工具——三國牌的縫紉機——沉入屋前的小混凝土蓄水槽，但如今已無人能將其撈出。她和家人原先對原子彈的倫理問題抱持著順從的消極態度，但這則謠言忽然喚起他們對美國的憎惡及怨恨，遠比戰時所感受到的仇意更為深切。

日本物理學者早已對核分裂頗有研究（其中一人甚至擁有迴旋加速器），他們擔心廣島可能殘留輻射，在八月中旬——距離杜魯門總統揭露原子彈的消息不久之後——進入市區內展開調查。他們首先根據市中心各處的電線杆灼焦的方位，粗略推定出爆炸中心位置：鄰近中國軍管區司令部的護國神社鳥居。他們使用勞里森驗電器往南北方向測量β粒子和伽瑪射線，發現鳥居附近的最高輻射強度達該地區自然洩漏的超短波平均值的四・二倍。學者們注意到原爆閃光將混凝土染成淡紅、使花崗岩的表面剝落、燒毀其他類型的建築材料，甚至留下投影的痕跡，例如：商工會議所建築（距離推定爆心兩百公尺）的屋頂受其矩形塔樓投下一道永久陰影；勸業銀行（一・九公里）屋頂上防空的遼望塔也投下數道陰影；中國配電建築的塔樓有另一道陰影（七百三十公尺）；廣島瓦斯某座儲存槽的閥門（二・四公里）同樣落下影痕；護國神社

（三百五十二公尺）的花崗岩石碑亦留下數道陰影。學者利用這些影痕與其投射物進行三角測量，確認爆炸中心位於鳥居南邊約一百三十七公尺處，並稍偏東南方幾公尺，接近島醫院的遺址。（此外，也發現幾個模糊的人形剪影，許多富有想像力和細節的故事因此傳開。其中一則講述油漆工人站在梯子上，於銀行的石造外牆前工作，正準備將刷子浸入油漆桶中，原爆閃光將他瞬間定格為一幅淺浮雕；另一則說，一名男子乘著馬車經過產業獎勵館旁的橋上——幾乎就在爆心正下方——被烙印成浮雕般的陰影，其形象清晰顯示他正要揮鞭策馬。）學者在九月初從原爆點往東西方向重新測量，這次測得的最高輻射量是正常值的三．九倍。由於對人體造成嚴重損害至少得達自然輻射量的一千倍，學者便宣布出入廣島已無安全疑慮。

這項聲明一傳至中村太太藏身的屋中——或至少在她重新長回頭髮後——她們全家就放下了對美國的強烈仇恨。她派小叔前去取出仍沉在水槽的縫紉機，但帶回家時發現已鏽蝕不堪，無法使用了。

在九月的第一個週末，克蘭佐格神父臥病於初學院，高燒至攝氏三十九・五度。由於病情持續惡化，同僚決定將他送往東京的國際聖母醫院。切希利克神父和院長同行至神戶，再由當地的一名耶穌會士接手護送。這名耶穌會士帶著來自神戶醫師的信函，準備轉交給國際聖母醫院的主任修女，而上頭寫道：「貴院輸血前請再三斟酌，我們毫無把握原子彈患者受針刺後是否能止血。」

抵達醫院時，克蘭佐格神父面色慘白、渾身顫抖。他埋怨原子彈使他腸胃不適且腹痛難耐。他的白血球數僅三千（五千至七千才算正常），貧血情況嚴重，體溫高達攝氏四十度。一名對這些奇異症狀——克蘭佐格神父是少數抵達東京的被爆者——所知甚少的醫師前來探視，用鼓舞人心的語氣告訴他：「兩週內就能出院了。」然而，那名醫師一走出病房，便對走廊上的主任修女說：「他活不下去的。我現在瞭解了，這些原子彈患者都會死去。他們或許可以撐一兩週，但再久就不可能了。」

醫師為克蘭佐格神父安排激進的進食療法，每三小時就餵他雞蛋或牛肉汁，並讓他攝取大量糖分。為了改善貧血，還給他服用維他命、鐵劑和砷劑（福勒溶液）。不過，醫師的預判都並未成真；他既未死去，也沒有在兩週內痊癒。儘管他因神戶醫師的警告而沒能接受最有效的治療，但高燒和消化問題很快就有所緩解。他的白血球數一度短暫上升，十月初卻降至三千六百，十天後又飆升至八千八百，最終數值穩定在五千八百。他身上的小傷也讓眾人迷惑不解；幾天前才剛癒合，一活動卻又裂開。只要身體狀況一好轉，他便覺得很享受。在廣島，他只是千千萬萬名受難者之一；在東京，他卻成了十足罕見的奇景。美國軍醫紛紛造訪探視，日本專家也接連提問，報紙記者更前來採訪。

有一次，那名感到疑惑的醫師搖頭說道：「這些原子彈患者的病例真是令人費解。」

中村太太和三重子臥病屋中，兩人依舊感到不適。中村太太隱約察覺病情與原子彈有關，但她太貧窮而無法就醫，也因此始終不解自己究竟出了什麼問題。他們一家並未接受任何治療，只靠靜養便逐漸好轉。三重子掉了些頭髮，手臂上的小燒傷花了數月才痊癒。兒子敏男和大女兒八重子的情況似乎尚可，但也有些許掉髮和劇烈頭痛的症狀。敏男仍不時夢到他的英雄——死於原爆的十九歲技師大崎秀夫。

——

谷本牧師躺在床上，燒至攝氏四十度，仍擔心自己無法為教友舉行喪禮。他以為這只是太過勞累所致，後來發現高燒遲遲未退，才請人前來看診。醫師因工作繁忙而無法抽空前來牛田，於是派了護士代診。她認出谷本牧師身上的症狀是由輕微的輻射病所引起，便定期來訪為他注射維他命B1。與他相識的佛教僧人前來探望，建議他試試艾灸來減緩不適。僧人向牧師解說如何自己施行這項古老的日本療法：將艾絨放於手腕脈搏處後點燃。谷本牧師每做一次，體溫就下降一度。護士叮囑他多吃些東西，他的岳母每過幾日就會從三十二公里之外的通津家中送來蔬菜和魚。他臥病在床一個月，之後搭乘十小時的火車回到四國老家，再休養了一個月。

——

佐佐木醫師和他的同僚在紅十字醫院持續觀察著這前所有未見的疾病漸漸顯露，並最後發展出一套理論解釋其特性。他們認為此種疾病分為三個階段。第一階段早在醫師們發現之前便已結束；此階段為原子彈釋放的中子、β粒子和伽瑪射線對人體直接引發的反應。那些看似毫髮無傷卻在數小時或數日後莫名死去的人，便是在第一階段中喪生。此階段造成爆炸中心半徑八百公尺內百分之九十五的民眾喪生，也奪走更遠處數以千計的人命。醫師們經事後回溯意識到，即使多數死者受創於燒傷或爆風，他們吸收的輻射量也足以致命。這些射線會破壞人體細胞，導致細胞核退化及細胞壁破裂。許多未當場死亡的人隨後出現噁心、頭痛、腹瀉、不適和高燒的症狀，持續數日之久。醫師們在當下無法確認這究竟是由輻射引起，又或是驚嚇損害的反應。第二階段於原爆後十到十五天展開。首發症狀是掉髮，接著是腹瀉和發燒，有人的體溫甚至升高至攝氏四十一度。原爆後二十五到三十天，開始出現血液異常：牙齦出血、白血球數急遽下降，以及皮膚和黏膜長出瘀斑。白血球數驟減導致患者免疫力下降，開放性傷口癒合遲緩，許多人也有喉嚨與口腔潰瘍的症狀。醫師們最後將發燒和低白血球數定為兩大關鍵症狀。若高燒持續不退，患者的存活機率便很低。白血球數幾乎總會跌至四千以下，低於一千的患者則存活希望渺茫。第二階段末期，如果患者倖存下來，就會出現貧血或紅血球數減少。第三階段是人體試圖修復的反應期——例如這時的白血球數不只回升，甚至還高於正常值。在此階段，許多患者死於像是胸腔感染的併發症。大部分的燒傷癒合後會形成厚實、橡膠似的粉色疤痕組織，即所謂的「蟹足腫」。病程長短視個人體質和受暴露的輻射量而異。有人一週內便痊癒，也有人受苦了數月之久。

隨著諸多症狀陸續浮現，人們察覺這與施加X射線過量的病徵極為相似，於是便採取相同的治療方式，讓患者服用肝精、維他命（尤其是B1）和輸血，但物資和器具短缺使他們無法順利進行療程。戰後進到日本的同盟國醫師發現血漿和盤尼西林相當有效。由於血液異常是該病的主要問題，部分日本醫師發展出一套理論，試圖釐清這種延遲性疾病的起因。他們認為伽瑪射線可能在原爆時進到人體，使被爆者骨骼中的磷元素產生輻射性，接一步釋放出 β 粒子。這些粒子雖無法穿透肉體，但可以進入製造血液的骨髓並逐步進行破壞。無論這種疾病的起因為何，仍存有許多無解的古怪之處。並非所有患者都會出現這些典型症狀。遭受閃光灼傷的人在很大程度上較不易罹患輻射病。在原爆後保持靜止數小時或數日的人，罹病機率遠低於活躍行動的人。銀髮的長者很少脫髮。生殖機能也短暫受到抑制——男性不孕，女性則流產或停經——彷彿大自然正試圖保護人類，免於他們受到自身的智慧所害。

洪水過後，藤井醫師借住在太田川上方山裡的民家中十日。他後來得知廣島東郊的海田有一處私人診所空著，便立刻將其買下並搬遷過去，掛上英語招牌以向戰勝國致敬：

M. FUJII, M.D.（藤井醫師）
MEDICAL & VENEREAL（內科與性病專科）

他的傷勢已經痊癒，不久醫療事業便步上軌道，他也樂於在晚間接待同盟國軍官，慷慨招待他們威士忌並練習英語。

——

十月二十三日，佐佐木醫師為佐佐木小姐施打普魯卡因局部麻醉，並在她的腿上做出切口以進行引流手術，但其傷口仍在術後十一週內持續積膿。接下來幾天，膿液大量流出，他得早晚清創傷、包紮。一週後，佐佐木小姐開始抱怨起劇痛，於是便開了第二次刀；十一月九日又進行了一次，二十六日則擴大了切口。這段期間，佐佐木小姐越發衰弱、頹喪消沉。一日，曾在五日市借她莫泊桑小說的年輕男子前來探望，說他即將去往九州，希望回來後能再見到她。不過，她毫不在乎。她的腿部始終腫脹且疼痛難耐，醫師從未嘗試接合骨折；雖然十一月拍的X光片顯示骨頭正在癒合，她從床單下方看得出左腿比右腿短了近九公分，左腿也往內翻。她時常想起自己的未婚夫，有人說他已從海外歸國。佐佐木小姐不禁思索，她的未婚夫究竟聽聞她受了什麼傷，使他不曾前來探望。

十二月十九日，克蘭佐格神父出院，從東京搭火車返家。兩日後，在抵達廣島前一站的橫川車站，藤井醫師剛好上了車。這是兩人自原爆以來首次見

面。他們坐在一塊兒。藤井醫師說他要參加家族的年度聚會，而那天正是他父親的忌日。談到彼此的經歷，醫師談起自己的住所落入河中，語氣中帶著幾分幽默。他詢問克蘭佐格神父的處境，那名耶穌會士提起自己在醫院的日子。「醫師叮囑我要顧好身體，每天下午都要午睡兩個小時。」他說。

藤井醫師說：「如今在廣島，想顧好身體真不容易。大家都忙得不可開交。」

——

市政府機構終於在駐日盟軍的指示下重整，並在市役所內（今市公會堂）開始運作。罹患不同程度輻射病的市民紛紛康復，正一批批地踏上歸途，陸續返回他們破碎的家園。截至十一月一日，廣島人口已達十三萬七千人，超過戰時高峰的三分之一，且大多集中在郊區。政府也啟動了各項城市重建計畫。他們雇用人力清理街道，其他人則回收廢鐵，分類後堆於市役所對面，形成一座座的小山。一些返鄉的市民自行搭建了棚屋和小屋，並在一旁播下小片的冬小麥，但市府亦有核准建造了四百戶臨時居所。公共設施也已修復：電燈重新點亮，電車恢復運行，水道局職員修補了七萬處管道漏水。都市計畫委員會（廣島市復興審議會）著手討論廣島未來的嶄新樣貌，由來自密西根州卡拉馬祖的年輕軍官約翰．D．蒙哥馬利（John D. Montgomery）中尉擔任顧問。這座淪為廢墟的城市之所以一度繁榮並成為理想的攻擊目標，主要是因為它曾作為日本重要的軍事指揮中心與通訊樞紐；倘若本土遭受入侵而東京失守，此城將會是帝國司令部落腳的所在。不過，如今再無大規模的軍事設施助其重振。都市計畫委員會苦無方向，轉而提出模糊的文化政策與道路計畫，在地圖上繪出寬達九十公尺的大道，認真考慮打造一群建築以紀念這場災難，並命名為「國際友誼學院」。統計人員盡可能收集了原子彈造成傷亡與破壞的數據，報告顯示七萬八千一百五十人喪命，一萬三千九百八十三人失蹤，三萬七千四百二十五人受傷。市府官員並未承認這項數據是否準確，但美方仍將其列為官方數據——而隨著時間過去，從廢墟挖掘出的屍體越來越多，已斐善法寺內無人認領的骨灰甕也突破千個，統計人員再度推估至少十萬人死於原爆。許多人的死因並不單一，所以無法釐清個別死因奪走了多少條人命，但統計人員估算約百分之二十五死於原爆燒灼，約百分之五十死於其他創傷，還有約百分之二十死於輻射引發的後續效應。財產損失方面的統計數據較為可靠：在九萬棟建築中有六萬兩千棟全毀，另有六千棟嚴重毀損而無法修復。市中心僅有五棟現代建築無需大規模修繕即可使用。數量如此之少絕非因為日本建築結構脆弱。事實上，自一九二三年的關東大地震後，日本建築法規便要求，大型建築的屋頂每三十公分平方的面積至少能夠承重三十二公斤，美國規範的標準則大多不超過十八公斤。

學者蜂擁進到廣島。有人測量了原爆所釋放的能量——足以推移墓園的大理石墓碑、掀翻廣島火車廠內四十七節車廂中的二十二節、抬升並移動橋面上的混凝土車道，以及造成各種驚人的破壞——推算出爆炸產生的壓力在每九十平方公分五．三至八噸之間。另一批學者發現，熔點為攝氏九百度的雲母在離原爆點三百五十公尺的花崗岩墓碑上熔解；碳化溫度在攝氏二百四十度的日本柳杉製電線杆在四公里處燒毀；熔點為攝氏一千三百度且廣島常見的灰陶瓦在五百五十公尺遠的地方，其表面也發生了溶解；經過分析其他灰燼與熔化殘骸，他們推斷爆炸中心地表溫度應高達攝氏六千度。根據進一步的輻射檢測——其中包括從遠至郊區高須（距離爆心三公里）的屋頂排水設施中收集核分裂碎片——他們掌握了關於原子彈性質的更多重要事實。由麥克阿瑟將軍指揮的駐日盟軍總司令部全面審查所有日本科學出版物中涉及原子彈的內容，但這些學者的分析成果仍在日本的物理學者、醫師、記者、教授，乃至那些仍未退場的政界與軍方人士間迅速傳開，成為學術界裡眾所周知的事實。早在美國大眾得知真相之前，日本的多數學者與許多非專業者早已透過國內核物理學者的研究，知曉受創廣島的是鈾彈，投下長崎的則是更具破壞力的鈽彈。他們也知道，威力是其十倍或甚至二十倍的原子彈，在理論上是有可能研發出來的。日本學者們認為他們已推算出廣島原爆的準確高度，以及當中含鈾的大致重量。他們估計，即使投於廣島的原子彈尚屬原始，若要徹底避免染上輻射病，人們也得藏身在厚達一．三公尺的混擬土掩體中才行。他們將這些資訊和其他仍屬美方機密的細節印成小冊。美軍對這一切雖知情，但要全面追查並防止這些東西流入錯誤的人手中，占領當局勢必得要專門設立龐大的警察機構。總的來說，日本學者對戰勝國試圖掩蓋核分裂的種種作為，多少感到有些可笑。

——

一九四六年二月下旬，佐佐木小姐的朋友來拜訪克蘭佐格神父，請他前往醫院探望她。她的情緒越發低落，漸漸變得陰鬱消沉，好似沒了活下去的動力。克蘭佐格神父探視她數次。初次造訪時，他的談話內容泛泛，語氣莊重節制，但隱約透露一絲同情，且並未提及宗教。第二次探訪時，佐佐木小姐主動說起這個話題。顯然，她曾與天主教徒交談過。她開門見山地問：「若您的神善良慈悲，祂為何會讓人受這種苦？」

她做了個手勢，指著自己那隻萎縮的腿、房裡的其他病人，還有整座廣島。

「孩子，」克蘭佐格神父說，「人們如今的樣子，並非天主當初期許的那樣。他們因罪行而失去了恩典。」接著他開始細細講述萬事萬物的種種道理。

——

中村太太得知，一名來自可部的木工正在廣島搭建木造小屋，一間月租五十日圓——按固定匯率計算約五十美分。中村太太在原爆中失去了公債債卷和戰時積蓄的證明文件，所幸她曾於前幾日抄下所有證號並帶到可部，因此當頭髮稍微長回一些並能夠出門見人時，她便前往廣島的銀行。行員說只要確認證號與帳戶紀錄對照無誤，就能取回那筆錢。一拿到錢，她就租下木工的小屋。地點位在幟町，接近她原本的住家。腳下是一片泥地，屋內也十分昏暗，但那畢竟是自己在廣島的家，她終於無須再靠夫家的接濟度日。春日來臨時，她清理了周遭的瓦礫，闢出一小塊菜園，也用廢墟撿來的鍋碗瓢盆煮飯。她讓三重子去上耶穌會重新開辦的幼兒園，另兩個孩子則進入幟町小學，然而該校因無校舍，課程都在戶外進行。敏男想要成為技師，就像他的英雄大崎秀夫一樣。物價飛漲；到了仲夏，中村太太的存款已經所剩無幾，不得不出售衣服換取食物。她曾擁有數件昂貴的和服，其中一件在戰時被偷，一件給了在德山遭受轟炸的妹妹，幾件在廣島原爆時燒毀，如今只能賣出最後一件，僅換得一百日圓且很快便花完了。六月時，她拜訪了克蘭佐格神父，請教自己該如何維生。到了八月初，她仍思索著神父提出的兩項建議：為駐日盟軍人員操持家務，或向親戚借五百日圓（約三十美元）修理那臺生鏽的縫紉機，重新做起裁縫的工作。

——

谷本牧師從四國返回後，在牛田租了一間嚴重受損的房子，並於屋頂上撐起帳篷。即使屋頂仍會漏水，他還是在潮濕的客廳中舉行禮拜。他開始思索籌款重建他在城中的教會。他漸漸和克蘭佐格神父交好，兩人常常來往。他羨慕耶穌會的豐厚資源；他們似乎無所不能。而他唯一擁有的，是自己不復以往的精力。

———

在廣島這片廢墟中，耶穌會是最早建立起較為堪住的簡陋小屋的機構。那時，克蘭佐格神父還在住院，他一出院便搬進小屋，和一同傳教的拉德曼（Laderman）神父設法購得三間市府以七千日圓出售的制式營房。他們將兩間合併並改建為雅致的教堂，第三間則作為餐廳使用。待建材到位，他們便請來承包商，仿照遭祝融吞噬的舊傳教所，重建三層樓高的建築。在教會的院落裡，木工們鋸木、穿鑿榫眼、製作凸榫、削出許多木栓並鑽孔，將所有構件收齊堆放後，在不使用半根釘子的情況下花了三天時間，將整棟建築組合起來，猶如一幅東洋拼圖。正如藤井醫師所言，克蘭佐格神父很難顧好身體、按時午休。他照樣每日外出，到處拜訪日本教徒和有意皈依的人。隨著月份推移，他越發疲憊。六月時，他在《中國新聞》上讀到一篇文章，提醒倖存者不該過度勞動——但他又能怎麼辦呢？到了七月，他已精疲力竭，而在八月初——也就是原爆週年之際——又回到東京國際聖母醫院休養了一個月。

——

或許難以斷言克蘭佐格神父的解答是否為人生真理，但佐佐木小姐似乎真的從那些話語中汲取了力量。佐佐木醫師注意到了這點，向克蘭佐格神父祝賀。到了四月十五日，她的體溫和白血球數皆已恢復正常，傷口感染亦開始好轉。二十日那天，腿部不再化膿，她也首次靠著拐杖在走廊上蹣跚行走。五日後，傷口開始癒合，而在月底那天，她終於出了院。

初夏時分，她準備皈依天主教。那段日子裡，她的心境起伏不定，經常陷入重度憂鬱。她明白自己將終生殘疾，未婚夫也不曾前來探視。她一整日無事可做，只能閱讀或從己斐山坡上的住所遙望城市廢墟，思念自己死去的父母與弟弟。她總是處在神經兮兮的狀態，一有突如其來的聲響傳來，就會不禁猛地將雙手抬至喉嚨的高度。她的腿仍在作痛，常常撫摸或輕拍癒合的傷處，彷彿在安慰自己曾經受創的身體。

——

紅十字醫院耗費了六個月才回歸正軌，佐佐木醫師自己則花了更久時間。城市恢復供電之前，醫院只能仰賴後院的一臺日軍發電機艱難運作。手術檯、X光機、牙科診療椅——所有複雜又不可或缺的設備，全靠外地的救濟零星送達。在日本，連機構也很在意面子，因此院方早在補齊基礎醫療設備前，理事會先將建築立面鋪上新的黃色「化妝煉瓦」（裝飾外牆用的薄型磚），讓醫院成為廣島最氣派的建築——至少站在街上看是如此。前四個月，佐佐木醫師是院內唯一的外科醫師，他忙到幾乎不曾踏出醫院半步；然後，漸漸地，他才又找回生活的熱情。他於三月結婚，也恢復了些體重，但食慾仍舊不佳；他過去一餐能吃下四個飯糰，原爆一年後只能吃下兩個。他老是疲憊不堪。「可我不能忘記，」他說，「整個社會也都累了。」

——

原子彈落下一年後，佐佐木小姐成了殘疾者；中村太太仍一貧如洗；克蘭佐格神父返回醫院；佐佐木醫師已無法應付從前繁忙的工作；藤井醫師失去了多年辛苦建立的醫院，且毫無重建的希望；谷本牧師的教會也被摧毀，自己的精力更是不復以往般旺盛。這六人有幸在廣島原爆下生還，但他們的生命軌跡已永遠改變。他們看待自身經歷和使用原子彈的意見自然不盡相同。然而，他們似乎共有一份感受，那是一種奇異的、振奮的群體精神，彷彿倫敦人在「閃電戰」（倫敦大轟炸）後所經歷的那樣——為自己與其他倖存的夥伴勇敢撐過苦難所感到的由衷自豪。就在原爆週年前夕，谷本牧師寫信給一名美國人，其中有幾段話表達了這份感受：「第一夜所見的景象真是令人心碎！大約午夜時分，我抵達河岸。傷者躺臥遍地，我只能一一跨過他們前行，一邊說著『不好意思』，一邊提著洗臉盆，為每人送上一杯水。他們緩緩抬起上身接過水杯，低頭鞠躬後將水喝下，手因顫抖而不慎灑出剩餘的水，然後將杯子還給我，臉上帶著誠摯的感謝，說道：『我無法救出埋在屋下的妹妹，因為我得照顧眼睛受到重傷的母親。我們的家很快就起火，差點就逃不出來了。你看，我的家沒了，家人也沒了，我自己也受了重傷。不過，我現已下定決心，要獻出我擁有的一切，為國家完成這場戰爭。』他們像這般對我許下諾言，就連婦女和兒童亦是如此。我累壞了，於是躺在人群之中，但根本無法入睡。隔日一早，我發現昨夜接過水的男男女女中，有許多人已經死亡。令我震撼的是，即使他們深陷偌大的苦痛之中，我也不曾聽見有人失去理智、痛哭失聲。他們在沉默中死去，沒有絲毫怨懟，只是咬牙忍受著。這一切都是為了國家！」

「我教會的信徒平岩博士——廣島文理科大學的教授——與他在東京就讀大學的兒子一同因原子彈爆炸而活埋在自家兩層樓高的屋子下。身上沉重無比，他們動彈不得，房子也正在起火。他的兒子說：『父親，到了這個地步，我們現在除了為國家付出性命別無選擇了。我們一起向天皇陛下高喊萬歲吧。』父親於是也跟著兒子高喊：『天皇陛下萬歲！萬歲！萬歲！』事後，平岩博士說道：「奇怪的是，高喊天皇陛下萬歲的時候，我心中竟感到一陣平靜和希望。」他的兒子後來脫困並將他救出，兩人才得以生還。回憶當時的經歷時，平岩博士不斷重複道：『我們身為日本人，是多麼幸運的事啊！在我下定決心為天皇陛下捨身之際，終於首次體悟到那份無比美好的大和魂。』」

「原子彈落下時，一名教會成員的女兒信時加代子小姐——廣島女學院的學生——正和幾名友人在佛寺厚重的圍牆邊休息，她們遭倒塌的圍牆壓得動彈不得，濃煙也從縫隙鑽入，令她們差點窒息。其中一名女孩開始唱起國歌《君之代》，其他人也一同合唱並死去。就在那時，加代子一人看見石頭中間的縫隙，並使盡力氣從中掙脫而出。她被送往紅十字醫院時，憶起友人死前高唱國歌一同赴死的情景，並向旁人描述。她們當時年僅十三歲。」

「沒錯，廣島的人們英勇死於原爆，深信自己是為了天皇陛下奉獻生命。」

令人意外的是，許多廣島市民對於使用原子彈的倫理問題不甚在意。或許是因為原爆經歷太過可怕，人們根本不願深入思索。很多人甚至不曾探究這場災難究竟是怎麼回事。中村太太對原子彈的見解和敬畏便是典型的例子。「原子彈啊，」當有人問起，她會這麼說，「就是火柴盒的大小。熱度是太陽的六千倍。是在空中爆炸的。裡頭好像有放鐳。我不太清楚怎麼運作的，但鐳湊在一起的時候就會爆炸。」至於問及原子彈的使用，她則認為：「戰爭期間，這種事遲早會發生。」最後說道：「仕方がない。（沒辦法呀。）」這句日文常用的表達類似俄語的「nichevo」（沒辦法了；唉，算了；真是遺憾）。某一晚，藤井醫師也用德語和克蘭佐格神父說了類似的話：「Da ist nichts zu machen.（也只能這樣了。）」

不過，許多廣島市民仍對美國人懷有仇恨，無論如何都無法抹去。「我聽說，」有一次，佐佐木醫師說道：「東京那邊正在審判戰犯。我認為那些決定使用原子彈的人也應該受審，並且全都處以絞刑才對。」

作為外國人，克蘭佐格神父和其他德國耶穌會士較能理性看待此事，時常討論使用原子彈的倫理問題。西梅斯（Siemes）神父當時身處長束，後來寫了一份報告寄給羅馬教廷：「我們有人認為，原子彈和毒氣同屬一類，反對向平民使用。也有人認為，發生在日本的全面戰爭中，平民與士兵並無分別，而原子彈是能夠有效加速終結流血衝突的力量，用以迫使日本投降以避免走向徹底毀滅。看來在原則上支持全面戰爭的人，有理由不指責戰爭對平民造成的傷害。問題的核心在於：即使全面戰爭是出於正義的目的，這種形式是否依然正當？其所引發的物理破壞與精神創傷，難道造成的惡沒有遠超出可能帶來的好處嗎？針對這個問題，我們的倫理學者何時才能給出明確的答案呢？」

我們無從得知，在廣島原爆中倖存下來的孩子心中，究竟藏著何等的恐懼。災後數月，他們所想起的回憶，表面看來彷彿一場刺激的冒險旅程。那年才十歲的中村敏男不久後便能輕鬆——甚至帶著開心的語氣——談起當時的經過。原爆週年前幾週，他為幟町小學的導師寫了一篇平鋪直敘的作文：

「爆炸前一天，我去游泳。早上，我正在吃花生。我看到一道光。我被震飛到妹妹睡覺的地方。我們得救的時候，我最遠只能看到電車那邊。我和母親開始收拾東西。鄰居身上燒傷流血，在街上走來走去。畑谷太太叫我和她一起逃，我說要等母親。我們去到公園。那裡吹起旋風。晚上，煤氣儲存槽燒了起來，我在河上看到倒影。我們在公園待了一晚。隔天，我去到拱橋那裡，遇見菊地和村上同學。她們在找自己的母親。可是菊地的母親受了傷，而村上的母親，好可憐已經死了。」

藤井正和醫師

事發時距離爆炸中心約一・四公里。時年五十歲，性格開朗，喜好享樂。在廣島擁有一家私人醫院，院內有三十間病房及Ｘ光機等現代化設備。家人則住在大阪及九州。

第五章

劫後餘波

The Aftermath

中村初代

中村初代體弱貧困，但為了讓孩子和自己活下去，還是鼓起勇氣展開了一段漫長的奮鬥。她修好了那臺生鏽的三國牌縫紉機，開始接些縫補活兒，並替家境較好的鄰居打掃、洗衣和洗碗。但是她太過操勞，每工作三日就得休息兩日；要是不得已工作了一整週，便得休息三四日。她賺的錢勉強夠餬口。就是在這段收入不穩定的時期，她病倒了，腹部腫脹、腹瀉不止，痛苦難耐而完全無法工作。住在附近的醫師前來看診，告訴她肚子裡有蛔蟲，還說了誤導的話：「如果蛔蟲咬穿腸子，你就會死。」當時日本缺乏化學肥料，農民用糞便當作肥料，導致許多人感染寄生蟲。這本身並不致命，但對罹患過輻射病的人而言，會大大削弱他們的體力。那名醫師開了蛔蟲藥山道年治療中村太太，而這種從特定蒿類植物中提取出來的藥物具有毒性風險。為了支付醫藥費，她不得不出售家中最後一件值錢的東西——亡夫的縫紉機。她始終認為，那次的決定是此生最低落、哀傷的時刻。

——

在談及經歷廣島和長崎原爆的人們時，日本人傾向避免使用「倖存者」一詞，因為這詞似乎只將焦點放在活人身上，對神聖的亡者是一種忽視與冒犯。因此，中村太太所屬的這類人被冠以較中性的名稱：「被爆者」——即遭受原爆影響之人。原爆後數十年間，被爆者長期陷入經濟困境，據說是因為日本政府不願承擔美國所犯罪行的道德責任。雖然後來不久便證實，許多被爆者承受原子彈輻射所帶來的後果，在性質與程度上皆與東京和其他地區的大轟炸倖存者截然不同，政府仍遲遲未提供專門的援助補償。諷刺的是，直到美國於一九五四年在比基尼環礁進行氫彈試驗，導致第五福龍丸號的二十三名船員和漁獲遭輻射汙染，引發日本全國群眾激憤，政府才終於肯正視問題。儘管如此，國會還是拖了整整三年才通過援助被爆者的法案。

那時的中村太太仍未知曉，未來還有一段黯淡前途正等著自己。對和她一樣的貧窮者而言，身處戰後初期的廣島極為痛苦，處處充斥混亂、飢餓、貪婪、竊盜和黑市交易。非被爆者的雇主對被爆者抱持偏見，因謠言指稱他們容易生病，即使是像中村太太一樣未受重傷或無明顯症狀的人，也被認為是不可靠的員工，他們也大多患有難以捉摸但真實存在的原爆後遺症：虛弱和疲倦纏身、時不時頭暈目眩和消化問題難解，而這些都受到心理壓迫和終將一死的預感所加劇。據傳，這無以名狀的疾病會在他們和子孫的肉體中，悄然綻放惡毒之花。

中村太太忙著為每日生計苦苦掙扎，根本無暇對原子彈發表什麼立場。奇特的是，支撐她撐下去的竟是一種消極的順從，就像她有時會說的「沒辦法啊」（仕方がない）。她並不信教，但生活在長久受佛教思想薰陶的文化裡，相信順從命運安排方能看清生命本質；自一八六八年的明治維新起，國家權力便被視為神聖的存在，她與其他人民一樣對此懷有深切的無力感；她親身見證的苦難與眼前展開的劫後餘波，遠遠超出人類的理解範圍，使她無法將這一切歸咎於特定的可憎之人，像是駕駛「艾諾拉．蓋號」（Enola Gay）的飛行員、杜魯門總統、發明原子彈的科學家們，又或是那些在日本挑起戰爭的軍國主義者。原爆反而更像一場天災，一場因命定的不幸而落在她身上的劫難，除了默默承受別無選擇。

接受除蟲治療且病情稍有好轉後，她找上幟町的烘焙師傅高橋，開始為他送麵包。體力允許時，她會向社區裡的商家收取訂單，隔天早上到烘焙坊取貨，接著用籃子或箱子送到各個店鋪。這是份相當耗力的工作，一日賺取的薪資才約五十美分（一百八十日圓）。她常因體力不支而休息數日。

過一陣子後，她稍微恢復了些精力，於是改做沿街叫賣的生意。她天未亮便出門，推著借來的雙輪推車，徒步兩小時穿越城市，前往位在太田川河口之一的江波。天亮時，那裡的漁夫會撒下掛著鉛墜的漁網捕捉沙丁魚，她則在一旁協助收網，隨後推車回到幟町，一戶一戶上門販售。她所賺來的錢只夠餬口。

幾年之後，她找到一份容許自己偶爾休息的工作，能在一定範圍內自行安排工作時間。這份工作是為《中國新聞》——廣島市民大多都讀這家報紙——收取報紙費用。她得走訪大片區域，經常遇到客戶不在家或推託當下無法付款的狀況，因此她必須一再登門。這份工作收入大約每月二十美元。每一天，她的毅力似乎都在和疲倦進行一場難分勝負的拉鋸。

——

一九五一年，經過多年的辛勞，中村太太終於迎來命定的人生轉機，能夠搬進更好的住宅。兩年前，一名貴格會教徒、華盛頓大學的樹木學教授弗洛伊德・W・舒莫（Floyd W. Schmoe）似乎受到強烈的彌補與和解之心驅使，來到廣島組了一隊木工，和他們一起為原爆受害者興建一系列日式屋舍；他的團隊總共蓋了二十一棟。中村太太有幸分配到其中一棟。日本人以「坪」作為房屋面積的計算單位，每「坪」略小於四平方碼，而這些廣島人所稱的「舒莫房子」（Shum-o house）各有兩間六疊（一疊約為兩坪）的房間，屋中各處瀰漫新木和乾淨榻榻米的氣味。這對中村一家來說，無疑是一大進展。租金由市府負責收取，每月租金約一美元（三百六十日圓）。

儘管家中依舊貧困，孩子仍成長茁壯。女兒八重子和三重子雖患有貧血，三個孩子至今並未罹患許多年輕被爆者所面臨的嚴重併發症。如今十四歲的八重子和十一歲的三重子正就讀初中。兒子敏男則將升上高中，為了籌措學費，他開始在母親收取費用的地方送報。那裡距離舒莫房子不近，他們得在不同時段搭市內電車通勤。

位於幟町的舊屋曾閒置一段時日，中村太太在從事原有工作的同時，將其改成給兒童逛的街邊小店，販售她親自烤的地瓜和從批發商進貨的糖果、仙貝等粗點心（駄菓子）及廉價玩具。

一直以來，她都為小公司「陶山化工」收取報紙費用，該公司製作商標名為「帕拉根」（パラゲン）的樟腦丸。她的友人在那裡工作，某日建議她加入公司，協助包裝產品入袋。中村太太得知社長是懷有同情心的人，不像許多雇主一樣常對受爆者懷有偏見；在二十名包裝女工中，就有好幾人也是被爆者。雖然中村太太婉拒，表示自己無法一次工作數日，但友人說服她，說陶山先生會理解的。

於是，她開始了這份工作。女工們身穿公司制服站在兩條輸送帶邊，略微彎腰，以最快的速度將兩種產品裝進玻璃紙。帕拉根氣味強烈，最初會讓人眼睛刺痛。其成分為對二氯苯粉末，壓製成菱形狀的樟腦丸或小橘子般大的圓球後，專門掛在日式廁所中，以刺鼻藥味蓋過無水沖馬桶的惡臭。

中村太太剛到公司時，每日薪資為一百七十日圓，換算後不到當時的五十美分。起初，工作內容令她困惑、極為疲憊，甚至有些不適。社長見她臉色發白很是擔心，她也得頻繁請假。不過，日子一久，她漸漸適應了工廠的環境，在那裡交到朋友，感受到家庭般的氛圍。她的薪資有所調漲。每天早上和下午都有十分鐘的休息時間，輸送帶停止運作時，工廠裡便會響起宛如鳥鳴的八卦與笑聲，而她樂於參與其中。她的性格深處似乎始終藏著樂天的本質，支撐她長年對抗原爆遺留的沉沉疲倦——那是比起說出「沒辦法啊」的消極心態，還要更加溫暖且使人振奮的韌性。她常幫她們一些小忙，女工們都十分喜歡她，開始用親暱的語氣叫她「阿姨」（おばさん）。

她在陶山化工任職了十三年。她的身子仍不時受到原爆症的影響，但一九四五年那日所留下的灼痛記憶，似乎正悄悄從她心頭淡去。

——

第五福龍丸事件發生於一九五四年，正是中村太太開始在陶山化工工作的隔年。該事件引起全國憤慨，廣島與長崎原爆受害者的醫療照護問題，終於成為政治議題被端上檯面。自一九四六年起，幾乎每年在廣島原爆週年的當天，於城市重建期間作為追悼之地所留出的公園裡，都會舉行一場和平紀念集會。一九五五年八月六日，來自世界各地的代表齊聚此地，參與首次的「禁止原子彈氫彈世界大會」。大會進行至第二日，多名被爆者含淚控訴政府長年漠視他們的困境。日本各個政黨開始關注這項議題，國會也在一九五七年通過《原爆醫療法》。這項法律及其後續修正法案，將有資格獲得援助的人們分為四類：原爆當日身處市區者；原爆後十四天內曾進入爆心地兩公里範圍者；與被爆者有過肢體接觸者（急救或處理屍體）；當年尚為腹中胎兒且母親屬於上述三類之一者。這些被爆者能夠領取所謂的「健康手冊」，憑此可以接收免費的醫療診治。後來的修訂法案還提供每月津貼給患有後遺症的受害者。

如同許多被爆者，中村太太始終遠離所有政治運動，也在健康手冊發放幾年後都未前去申請。她過去實在太窮而無法長期就醫，因此養成了習慣，無論生了什麼病都盡可能自己承受。此外，她和很多倖存者一樣，對那些參與年度儀式與大會、具有政治頭腦的人物抱持懷疑，總覺得他們別有意圖。

中村太太的兒子敏男在高中畢業後，任職於日本國有鐵道的公車營業部門。他在行政單位工作，起初負責管理時刻表，後來轉任會計。二十多歲時，他透過親戚安排了一門婚事。他增建了舒莫房子並搬入其中，也開始分擔母親的生活開銷，還送給她新的縫紉機作為禮物。

長女八重子十五歲初中畢業後便離開廣島，去到外地幫助一名身子不好的阿姨經營日式旅館。後來，她與一名光顧旅館飯店的男子相戀並結婚。

三重子是三個孩子中受原爆症影響最深的。高中畢業後，她專精於打字，最終在打字學校任教。之後，她也步入了婚姻。

如同他們的母親，三個孩子都對支持被爆者與反核運動團體敬而遠之。

——

一九六六年，中村太太年滿五十五歲，從陶山化工退休。她當時的薪水是每月三萬日圓，約八十五美元。她的孩子皆已獨立，敏男也準備承擔起兒子的責任照顧年邁的母親。她如今活得更加自在；想休息時便休息，也無須擔心醫療費用，因為她總算領取了第一〇二三九九三號的健康手冊。她終於可以過上自己想過的人生。她很享受贈送禮物給別人的喜悅，因此開始刺繡和製作傳統的「木目込人偶」——據說這種人偶能夠帶來好運。她每週會有一次穿上顏色鮮艷的和服，去民謠研究會跳舞。在那裡，中村太太翩然舞出規律的步伐和多樣的動作，時而撩起和服寬長的袖子，頭抬得高高的，姿態輕盈飄逸，與三十名溫和可親的婦女們一同唱著慶祝房屋上樑儀式之歌：

願家族在此興旺
延綿千代八千代
繁榮昌盛萬萬歲

中村太太退休後大概一年，遺族會邀請她和約一百名戰爭遺孀搭乘列車，前去參拜東京的靖國神社。這座建立於一八六九年的聖地，是為了祭祀在對外戰爭中犧牲的日本軍人之靈而設置，就其象徵意義來說大致可與美國的阿靈頓國家公墓比擬，但差別是靖國神社供奉靈魂而非遺體。許多日本人將這座神社視為軍國主義尚未熄滅的象徵，但中村太太——她從未見過丈夫的骨灰，始終懷抱他終將歸來的信念——對這一切毫不知情。這趟參拜令她十分困惑。除了來自廣島的一百人之外，還有來自其他地方的大批婦女聚集在神社廣場。她感受不到亡夫的存在，只能帶著不對勁的感覺回到家中。

——

日本當時正值經濟起飛。對中村一家而言，生活仍然拮据，敏男必須工作很長的時間，但過去的艱辛歲月已漸漸遠去。一九七五年，一項援助被爆者的法律受到修訂，中村太太每月開始收到六千日圓（約二十美元）的「健康管理津貼」；這筆金額之後逐步增至原本兩倍以上。她每月還領取陶山化工的終身雇用年金兩萬日圓（約六十五美元）；多年以來，她也收到同樣每月兩萬日圓的陣亡者遺族撫恤金。隨著經濟發展，物價當然也大幅上升（沒過幾年，東京便成為全球物價最高的城市），但敏男還是設法買到一輛三菱小客車，有時天未亮便搭電車兩個鐘頭，和生意夥伴一起去打高爾夫球。八重子的丈夫經營一家專門銷售和檢修冷暖氣的商店，三重子的丈夫則在火車站旁邊開了賣報紙和點心的店鋪。

每年五月，正值天皇誕辰之際，當和平大道樹葉如羽、杜鵑綻放，廣島會舉行盛大的花節。屆時，整條大道滿是攤販，長長的遊行隊伍伴著花車與樂隊前行，數以千計的人們參與其中。原爆四十週年那年，中村太太與民謠研究會的婦女們一起上場跳舞；六人一排，共六十排。她們隨著歡樂的慶祝之歌《御祝い音頭》起舞，舉起雙臂做出喜悅之姿，以三拍子節奏整齊拍掌：

青松、鶴與龜
說一則苦難故事
然後笑上兩聲
福氣便會到來

原爆已是四十年前的往事。如今回首，彷彿遙不可及！

那日陽光炙熱。連續數個鐘頭踏步又抬手十分耗力。到了下午，中村太太忽感一陣暈眩，等她意識過來時，便發現自己被人抱起，任她再三懇求放手，仍在萬分羞愧之中被送上救護車。到達醫院後，她表明身體無礙，只想回家，於是獲准出了院。

佐佐木輝文醫師

佐佐木輝文醫師仍無法忘懷原爆後那段駭人的時光，這些記憶成了他終其一生試圖擺脫的陰影。除了在紅十字醫院擔任外科醫師的職務外，他每週四還得去到城市另一頭位於吳市的廣島大學（原為廣島縣立醫學專門學校，後改制為醫科大學並於一九五三年併入廣島國立大學），撰寫關於闌尾結核的博士論文。依照日本慣例，他從醫科大學畢業後便可行醫。多數年輕的實習醫師仍須花上五年進修，才能取得真正的博士學位；而出於種種原因，佐佐木醫師花了整整十年才達成。

那年，他天天從母親居住的向原小鎮搭火車通勤一個鐘頭到城中。他的家境優渥——而隨著歲月推移，佐佐木醫師最終體認到（如同許多日本醫師一樣），最能解決困境的藥方就是現金和信貸，且劑量越大越有成效。他的祖父曾是個地主，坐擁大片貴重的山林；他的父親生前亦是醫師，靠著經營私人診所賺取豐厚的收入。在原爆之後那段飢餓與犯罪橫行的動盪時期，曾有竊賊闖入他母親家旁、猶如堡壘的兩座倉庫，偷走許多珍貴的祖傳寶物，其中包括天皇贈予祖父的漆盒、一個古董硯箱，以及繪有老虎的古畫，而光那一幅畫便價值一千萬日圓（當時超過兩萬五千美元）。

佐佐木醫師的婚姻進展順利。在向原，像他這樣條件優越的年輕男子不多，他得以挑選對象；許多媒人上門試探，他也曾考慮過一些人。有位等待回覆的女孩父親見了他的媒人後，拒絕了這門親事。或許是出於佐佐木醫師年輕時名聲不佳，被人稱作「花心男」；那名父親也可能知道他晚上從紅十字醫院下班後，還在向原為鄉民非法看診的事蹟。不過，或許是那名父親本身就太過小心——據說他不只遵守「敲著石橋過河」的日本諺語，甚至在檢查後仍不敢過橋。佐佐木醫師從未嚐過被人拒絕的滋味，這反而讓他下定決心要娶那名女孩，最終在兩名堅持不懈的媒人協助下，他成功贏得了那謹慎父親的同意。結婚僅數月，他很快便體會到妻子比自己更為明理。

往後的五年間，佐佐木醫師在紅十字醫院裡的主要任務，是為患者移除蟹足腫——這種又厚又癢、呈赤銅色、如橡膠一般的醜陋疤痕，常見於被爆者身上的嚴重燒傷，尤其是在爆心地兩公里內暴露於原爆高溫的受害者。在治療蟹足腫時，佐佐木醫師和他的同僚如同在黑暗中摸索，因為他們缺乏可信的文獻指引。他們發現，切除腫脹疤痕後往往還會復發，有些置之不理會引起感染，有些則會造成底層肌肉緊繃。他們最終不得不承認，當初不該對多名患者輕易動刀，因為這些疤痕會隨時間自行萎縮，屆時再進行手術或乾脆放任不治，效果反而會更好。

一九五一年，佐佐木醫師決定辭去醫院的工作，離開那充滿恐怖記憶之地，效法他的父親在向原開設私人診所。他有個哥哥，而依照日本從醫家族的習俗，長子本應繼承父親的事業，次子則須另尋出路。一九三九年，滿懷野心的佐佐木輝文受政策宣傳的鼓吹——前往中國廣袤的未開化之地尋覓機會——遠赴青島醫科大學（東亞醫專前身）就讀。畢業後，他於原爆前夕回到廣島。他的哥哥不幸在戰場上喪生，於是他得以在父親家鄉開業，也藉此機會脫離廣島與被爆者的身分。此後四十年間，他從未向人談起原爆後的那段時光。

他的祖父早年在廣島銀行存有鉅款，因此佐佐木醫師信心滿滿地前去申辦開業貸款，未料銀行認為經營小鎮診所有風險，僅僅核准三十萬日圓（當時不到一千美元）的額度。於是，佐佐木醫師只得在岳父家中開業，進行闌尾切除、胃潰瘍處理、複雜性骨折等等的簡單手術，也勇於接手除了婦產科之外的各種醫療領域問題。診所經營得意外成功，不久後，每日便有近百名病患上門，甚至有不少人遠道而來。銀行看見他的成績，將信用額度提高至一百萬日圓。

一九五四年，他在妻子家族的土地上興建了一棟兩層建築作為正式診所，裡頭設有十九張住院床位，總面積達二百八十疊。他憑銀行貸款的三十萬日圓，以及出售祖父遺留的林地木材，籌措建築所需的費用。在這新的診所裡，他和五名護士與三名在職實習生每週工作六天，並且從早上八點半做到晚上六點，休息時間少之又少，但事業也蒸蒸日上。

——

早在此前，廣島的醫師便已發現暴露於原爆所帶來的後果，遠比起初明顯可見的創傷和蟹足腫嚴重得多。對多數患者來說，輻射病早期的劇烈症狀會隨時間有所緩解，但人們很快便察覺受到原爆大量輻射影響的被爆者，會面臨更加危險的後遺症。到了一九五〇年時已很明顯，被爆者罹患白血病的機率遠高於常人；據傳，位處爆心地一公里內的罹患率是正常值的十倍至五十倍之多。多年來，紫斑——微小的皮膚表層出血，即白血病的徵兆——的出現，成了被爆者心中揮之不去的恐懼。後來，除了白血病之外，其他潛伏期較長的癌症也以異常的比例相繼顯現於甲狀腺、肺部、胸部、唾腺、胃部、肝臟、泌尿道，以及生殖器官。有些倖存者——甚至包括孩童——也患上原爆白內障。一些受到輻射暴露的兒童生長遲緩，而最令人震驚的是，當年尚在母親腹中的胎兒，出生後的頭顱明顯小於常人。由於研究證明輻射會影響動物基因，被爆者之間開始蔓延恐懼，擔憂他們的後代會出現基因突變。（直到六〇年代末，才有分析結果證明廣島和長崎倖存者的染色體異常，至於這些異常是否會影響後代，當然需要更長時間的觀察。）還有數種不如癌症那般致命，但許多醫師和多數患者認為與原爆輻射有關的症狀：各類貧血、肝功能障礙、性功能問題、內分泌失調、加速老化，以及不被診斷為疾病卻無法忽視的體力衰弱——許多人都對此抱怨不已。

佐佐木醫師除了深受疲勞所困，身上並無其他症狀。他沒有關注這些醫學期刊上的發現，山間小鎮上也少有被爆者上門求診。他的生活只侷限在當下的時光。

——

一九六三年，佐佐木醫師為了掌握麻醉學領域的最新發展，前往橫濱紅十字醫院向院長服部醫師請益。服部醫師曾是廣島紅十字醫院的外科部長，也是佐佐木醫師的上司；他在戰後罹患輻射病，之後轉任橫濱。服部醫師建議他藉此機會，利用醫院先進的儀器進行全身檢查，而佐佐木醫師欣然同意。結果，斷層掃描顯示他的左胸出現一片陰影。佐佐木醫師有抽菸的習慣。服部醫師並未提及被爆者罹患肺癌風險的相關研究，或許認為佐佐木醫師對此心知肚明，直接提議進行切片檢查。佐佐木醫師術後甦醒，發現整個左肺已被切除。

幾個鐘頭後，連接肺腔的一條血管的結紮處鬆脫，導致佐佐木醫師大出血近一週。那段日子將盡的一天，他仍反覆咳血且極度虛弱，身邊圍繞一群擔憂不已的人——他的妻子、服部醫師、護士長和幾名護士——彷彿正守候著他的最後一口氣。他向眾人致謝，向妻子道別，隨後便死去。

或者，更確切來說，他以為自己死了。不久後，他便恢復意識，身體狀況也逐漸好轉起來。

——

在往後的歲月裡，佐佐木醫師將那次經歷視為人生最重要的轉捩點，甚至比原爆帶來的影響更為深刻。瀕死時所感受到的孤獨始終縈繞心頭，使他無比珍惜妻子和孩子——兩個兒子和兩個女兒——的陪伴。曾有位阿姨對他說過：「輝文，你是個幸運的人。畢竟，醫術即仁術（医は仁術）。」這句教誨是所有日本醫學生都耳熟能詳的格言，但他從未認真思考其中的意涵。此後，他立志要以從容沉著的態度行醫，盡力為病患做到一切力所能及的事。即使面對討厭的人也會努力善待他。他也會戒除打獵和麻將的嗜好。他的妻子說：「你四十歲才成熟，而我二十幾歲就已經是大人了。」

不過，他並未戒菸。

一九七二年，佐佐木醫師的妻子因乳癌病逝——這是他人生中遭逢的第三次重創。他又經歷了與死亡緊緊相繫的孤獨，這次的感受不如以往那樣短暫，且極為深刻強烈。他全然投入工作之中，不遺一絲餘力。

妻子的離世、自身的瀕死經驗，以及年齡漸長的自覺，讓他開始思索長者的需求，決定建立規模更大的新診所，投入高齡醫學領域。這種展現仁術的領域吸引了不少日本的頂尖醫師，也成為了極具潛力的行業。佐佐木醫師對那些嘲笑他不切實際的友人說：「人一過六十歲，身上哪裡都痛，需要按摩、熱療、針灸、艾灸，還有親切的醫師來安撫他們——他們肯定會一批一批找上門來。」

到了一九七七年，佐佐木醫師在廣島銀行的信用額度已大幅上升，銀行批准了他一千九百萬日圓（約八萬美元）的貸款。他運用這筆錢，在鎮郊興建了了氣派的四層樓混凝土建築，內有十九張住院病床、完善的復健設施，還有一間做為自宅的雅緻公寓。他聘請了三名針灸師、三名治療師、八名護士，以及十五名醫療助理與後勤維護人員。他的兩個兒子能久和龍司如今也是醫師，會在診所業務忙碌時回來協助。

他的判斷是對的，診所果然絡繹不絕。他的作息一如往常，從早上八點半忙到晚上六點、一週工作六天，每日平均看診兩百五十名病患。有人遠自瀨戶內海沿岸的吳市、音戶、安藝津等地專程而來，亦有從廣島縣各地的患者前來求診。憑藉日本醫師能夠享有大額稅賦減免這點，他累積了大量資金，每次償還貸款，銀行都會再次提高信用額度。他萌生出了一個構想，打算興建老人之家，預計耗資兩億日圓。這項計畫得獲高田郡醫師會的核准。他提交了設計詳圖，但遭到駁回。不久後，醫師會的一名領導成員便在吉田町興建了和他當初提案一模一樣的老人之家。

佐佐木醫師並未因此氣餒，他意識到年長患者最重要的三大樂趣：家人探視、美味食物，以及悠閒的沐浴時光。於是，他利用銀行貸款，在原本診所的舊址上建了豪華浴場。這名義上是為患者而建的，但也同時開放給鎮民使用，收費比一般公共浴場高，畢竟浴池是由大理石打造而成。他每月花費五十萬日圓（可減免稅）來維護浴場。

每日早晨，佐佐木醫師都會和全體員工開會。他最愛反覆叮囑：「別以金錢為目標工作；先盡心盡力善待病患，金錢自然隨之而來；人生短暫，無法重來；疾風會捲起樹葉，但最終仍會落下而聚集成堆。」

佐佐木醫師的「落葉堆」越積越高。他投保了一億日圓的壽險，醫療責任險更高達三億日圓。他駕駛白色的ＢＭＷ，客廳櫃上也擺放珍稀的花瓶。儘管享有日本醫師極大的免稅額度，他仍是高田郡（人口三萬七千人）納稅最多的人，在整個廣島縣（包括十二個市、十五個郡和六十八個町，總人口約兩百七十萬）也名列前十。

他又有了新點子，計畫在診所旁鑽探地下熱水，打造溫泉浴場。他聘請了東京地質工業公司進行勘查，發現鑽探至八公尺深度，每分鐘就能湧出六十到一百公升、溫度介於華氏七十九到八十六度（攝氏二十六到三十度）的溫泉水。他在腦中描繪溫泉療養中心的藍圖，預估能將溫泉水供應給三家旅館。他於一九八五年六月開始動工。

——

佐佐木醫師在廣島醫界漸漸被視為特立獨行的人物。他和其他醫師不同，對他們封閉排外的上流圈子毫無興趣。他反而更熱衷於地方活動，還贊助了在向原舉辦的日式槌球（簡化的英式槌球）比賽；他常常配戴繡著「Gate Ball」字樣的領帶，那花了他五千日圓（大約二十美元）。除了工作之外，他主要的樂趣是偶爾前往廣島，在大飯店的地下一樓吃頓中餐。用餐結束後，他會點上一根七星牌的香菸——菸盒上除了英文品牌名稱之外，還印著一句有禮的日文勸告：「為了我們的健康，一起節制吸菸吧。」

如今，他已能坦然面對廣島，因為這座從一九四五年的焦土中，以絢爛姿態浴火重生的鳳凰之城，現已成為人口逾百萬的繁榮都市——僅有十分之一的人親身經歷過原爆——其寬闊的林蔭大道兩側高樓林立，街上跑得都是日本國產的車子，上頭皆印有英文標誌且看來十分嶄新；奮鬥者與享樂者共存此地，七百五十三間書店與兩千三百五十六間酒館也錯落其中。即使那些舊日回憶仍會在佐佐木醫師的心中泛起波瀾，他也已學會帶著多年來的遺憾繼續生活下去。那始終令他無法釋懷的，是原爆後最初幾日間，紅十字醫院陷入一片混亂而無法追蹤身分就被拖去集體火化的無名屍體。他們的亡魂或許仍舊在那片土地上徘徊不走，數年以來無人安撫、怨懟未平。

克蘭佐格神父

第二次住進東京的醫院後，克蘭佐格神父飽受發燒、腹瀉、無法癒合的傷口、血球數值劇烈波動，以及極度虛弱之苦。此後餘生，他成了原爆症的典型案例，身上陸續出現多種難以解釋的症狀，而其中多數無法明確歸因於輻射，但在被爆者身上以各種組合和不同程度反覆出現，使許多醫師和幾乎所有病患都將其歸咎於原子彈。

克蘭佐格神父懷著極為無私的精神，如此走過他充滿苦痛的人生。出院後，他返回自己參與建造的幟町小教堂，繼續過著捨己奉獻的牧職生活。

一九四八年，他受命任職於市內另一區規模更大的三篠教會。廣島當時尚無眾多高樓，因此鄰近居民將其稱為「三篠宮」。教堂旁附設了一所拯望會修院，克蘭佐格神父除了主持彌撒、聽告解和教授聖經課，他還為初學修女及修院修女舉辦為期八日的靜修課程，每日領受聖體與他的教導，且全程保持沉默不語。他仍不時探訪佐佐木小姐和其他生病或受傷的被爆者，甚至還為年輕母親照看孩子。他常常搭上一個鐘頭的火車前往西條療養所，為罹患肺結核的病患提供慰藉。

克蘭佐格神父又在東京暫時住院了兩次。他的德國耶穌會同僚們一致認為，他老是為他人操心，卻沒有顧及自己。除了自身堅定的使命感，他還吸納了日本「遠慮」的精神——將自我擱置一旁，優先滿足他人的心願。他們覺得他無止盡地為別人付出，遲早會把自己累垮；他們形容他太過「顧慮他人」（rücksichtsvoll）。他將德國親戚送來的美味佳餚全都轉送出去，還把從駐日軍醫那裡取得的盤尼西林讓給和他一樣病重的教友服用。（除了種種病痛，他還罹患了梅毒，可能是因某次住院期間輸血感染所致；所幸最後已痊癒。）即使高燒不退，他仍堅持教授教義問答的課程。每每經歷漫長的牧靈探訪，三條教會的管家都會看見他癱坐在寓所臺階上低垂著頭，其身影宛若受到徹底潰敗。

然而隔日，又見他如常出門奔波。

他在多年不懈的勞動中漸漸累積了些許成果；施洗四百人、證婚四十場。

——

克蘭佐格神父深愛日本的人們與文化。他的一名德國同僚貝澤科弗（Berzikofer）神父曾打趣說道，克蘭佐格神父將自己嫁給了日本。他搬到三篠教會不久後，便得知日本國會通過一道新的歸化法，其條件包括：在日居住至少五年、年滿二十且心智健全、品性良好、有自立謀生的能力，並願意放棄原本國籍。他立刻準備好文件證明自己符合所有條件，經歷幾月審查後獲准，正式登記為日本公民，從此以「高倉誠神父」為名。

——

一九五六年春夏之際，健康每況愈下的高倉神父在幟町的小教會擔任幾月的臨時神職。早在五年前，他的友人谷本清牧師便開始為一群因蟹足腫而容貌受損的女孩開設聖經課程。之後，一些女孩以「原爆少女」之名被安排到美國進行整型手術。其中一人叫做中林智子，她受高倉神父引領皈依並施洗，卻在紐約西奈山醫院的手術檯上不幸身亡。一九五六年夏天，第一批原爆少女歸國時一同帶回了她的骨灰，而高倉神父親自主持了她的喪禮，差點在儀式途中昏厥過去。

他開始在幟町為富裕又頗具文化涵養的長西一家授課，對象是一名母親和兩名女兒。無論有無發燒，他每日傍晚都會徒步前往。有時太早抵達就會在街上來回踱步，等到七點整才按下門鈴。進到客廳前，他會照照走廊的鏡子整理儀容。結束一個鐘頭的授課後，長西一家會招待他茶點，並與他閒談至十點整。他在那個家中感到非常自在，小女兒久子也對他十分敬愛。十八個月後，他的病情惡化至得長期住院，她請求神父在那之前為自己施洗。於是，在住進廣島紅十字醫院、展開長達一年療養的前日，高倉神父為她施行洗禮。

他最困擾的病症是手指上異常的感染，其腫脹、化膿且久久不癒。此外，他亦反覆發燒，身上出現類似流感的症狀，白血球數過低，膝蓋（尤其是左膝）和其他關節作痛。他的手指在術後才慢慢癒合，也接受了白血球減少症的治療。出院前，眼科醫師還診斷出他有原爆白內障的初期徵兆。

他回到信徒眾多的三條教會，但越來越難以承擔他一向珍惜的沉重負擔。他開始出現背痛，醫師說是腎結石所致；所幸後來順利排出。他仍飽受長期疼痛及白血球不足而造成的持續感染之苦，強撐虛弱的身體度日，身心早已超出極限。

一九六一年，教區體恤高倉神父的健康狀況，將他安排到向原町的鄉間教會，那裡也正是佐佐木醫師開設私人診所、事業蓬勃發展的地方。

向原教會坐落於鎮上陡坡之頂，院中有一座小教堂，裡頭擺放橡木桌作為祭壇，約可容納二十名教徒跪坐在榻榻米上；再往上是狹小的神父寓所。高倉神父選擇其中一間不到六平方呎（邊長約一百八十公分）、猶如修道士監舍的簡陋房間作為臥室；他在隔壁另一間用餐；往內是廚房和浴室，陰暗、寒涼、低於地面，也不比其他房間寬敞。沿著整棟建築延伸的狹廊對面，是一間辦公室和一間較大的臥室，而一如高倉神父的慷慨本性，他將大房間留給訪客留宿。

他初來時滿懷熱忱，深信靈魂應在未成熟時加以引導，便請工人為教堂加建兩個房間，創辦他所稱的「聖瑪利亞幼兒園」。於是，四名天主教徒——高倉神父、兩名教導孩子的日本修女，以及一名負責做飯的日本婦女——展開一段清苦的日子。教堂信眾稀少，教區內只有四個早先皈依的家庭，共約十名教徒。有些主日甚至無人參與彌撒。

起初的一股幹勁過後，高倉神父的精力迅速衰退。他每週搭火車前往廣島，去到紅十字醫院接受檢查。每次在廣島車站，他都會帶上自己最愛的讀物——本州各地的列車時刻表。醫師為他疼痛的關節注射了類固醇，也治療了他如流感般的慢性病症。一次，他說自己的內褲上有血，醫師猜測可能是新的腎結石而起。

在向原町，他試著不招引人們注意，盡量像個日本人。他有時會穿著日式服裝，也為了不顯得生活富裕，他從不在當地市場買肉，但會從城中偷偷帶回一些。長谷川神父時常前來探望，佩服他徹底歸化當地而做出的努力，卻也深知他骨子裡仍是不折不扣的德國人。他遇到阻礙時總會一無反顧地往前衝，不像日本人一樣用委婉的方式繞道而行。長川谷神父還注意到，每當高倉神父住院，他老是嚴格遵守探病時間，即使有人從遠方來訪，若不是在指定時段，他也會拒絕接見。有一次與友人用餐時，長川谷神父婉拒了高倉神父提供的米飯，說自己已經飽了，但後來見到美味的醃菜（漬物）上桌，其日本人的味蕾禁不住誘惑，決定再添一碗飯。高倉神父為此憤怒不已（依友人看來，這正是德國人的典型個性）：既然剛才已經說飽了，怎麼能為了配醃菜又吃飯呢？

——

在這段期間，高倉神父成為羅伯特・J・利夫頓（Robert J. Lifton）訪談的對象之一，後者正在為其著作《生中之死：廣島倖存者》（*Death in Life: Survivors of Hiroshima*）蒐集資料。在一次對談中，神父隱約透露他意識到，比起日本人這個身分，被爆者更貼切符合他——

> 當有人對我說他很疲倦（怠い），只要他是被爆者，我的感覺會和面對一般人時截然不同。他不用多做解釋……他明白那種不安——那種讓人魂不守舍、陷入憂鬱的誘惑——以及之後咬牙重新振作、試著把事情做完的決心……日本人聽見「天皇陛下」這四個字，心中感受絕對不同於西方人。同樣地，受害者與非受害者聽見另一名受害者的故事時，情況也是如此……有次，我遇見一人……他說：「我經歷過原爆。」——自那一刻起，我們之間的對話徹底改變。我們理解彼此的感受，無須多言。

一九六六年，高倉神父得另聘廚娘。一名叫做吉木紗津枝的三十五歲女子，才剛從結核病康復並受洗，接到通知前往向原教會面試工作。她先前只知道神父的日本名字，見到迎接她的是一名身材高大、穿著日式服裝的外人（外國人），感到十分驚訝。他的臉圓潤浮腫（肯定是藥物所致），讓她聯想到嬰兒的面孔。兩人很快便發展出一段全然互信的關係，而她在其中擔任的角色似乎介於母親與女兒之間。高倉神父的身體日漸衰弱，使她無法離開他身邊，得時時刻刻悉心照料他。她的廚藝粗淺，他的脾氣則十分不好。他曾說自己什麼都吃，連日式麵條也可以接受，唯獨對她的料理特別挑剔，也不曾如此對待他人。有一次，他提及自己母親做過的烤馬鈴薯泥，並讓她嘗試做出來。她照做，但他說：「這不像我母親做的。」他喜歡炸蝦，每每去到廣島看診都會享用。她試著做，他卻又說：「炸得太焦了。」在那狹小的飯廳中，她站在他身旁，雙手長時間緊抓後方的門框，使漆都脫落了。不過，他還是會讚美她、和她傾訴心事、和她開開玩笑，也會在每次發脾氣後向她道歉。她認為高倉神父急躁易怒的個性（她將此歸咎於病痛）背後，藏著他溫柔、純真、有耐心、風趣且深懷慈愛的一面。

一年晚春，吉木小姐剛到不久，一群麻雀落在他辦公室窗外的柿子樹上。他拍掌驅鳥，不久便發現掌上浮現紫斑——這是所有被爆者都畏懼的徵兆。廣島的醫師皆搖了搖頭。誰說得準那是什麼呢？那似乎是血瘀，但他的血液檢測並未顯示白血病的跡象。他的泌尿系統也有輕微出血。「要是腦裡出血該怎麼辦？」他曾問過。他的關節仍作痛，也出現肝功能異常、高血壓、背痛和胸痛。他的心電圖顯示異常，醫師開了預防心臟病發的藥和降血壓藥。他也同時服用類固醇、賀爾蒙和降血糖藥。「我不是吃藥治療，而是吃藥果腹。」他這麼告訴吉木小姐。一九七一年，他為檢查肝癌而開刀住院，結果證實並非癌症。

在這段身體日漸衰頹的時光裡，探視他的訪客源源不絕，他們都帶著感恩前來，為他昔日做過的一切表達謝意。曾在高倉神父長期住院前領受他洗禮的長西久子，是最為忠實的訪客；她常帶來神父最愛的德國黑麥麵包單片三明治，也會在吉木小姐休假時搬來照顧他。貝澤科弗神父亦時常來訪，與他共度數日，兩人盡情相談並大口暢飲琴酒——這也正是高倉神父漸漸愛上的飲品。

——

一九七六年的一場冬日，高倉神父在通往鎮上的陡峭冰路滑倒。隔日早上，吉木小姐聽見他呼喚自己的名字，發現他倒在浴室裡，依著盥洗臺，無法動彈。她傾盡愛的所有力量，把約七十九公斤重的高倉神父扶回床上安置。他長達一個月都無法移動。她做出臨時便盆，日日夜夜照料他。最後，她從町役場借來輪椅，並帶他前往佐佐木醫師的診所。這兩人早年便已相識，但如今一人住在簡陋的僧房，另一人住在四層樓診所裡的寬敞公寓，他們的境遇相差猶如光年之遠。佐佐木醫師照了張X光片，沒看出什麼異樣，因此診斷為神經痛，建議採取治療按摩。高倉神父無法接受女按摩師，於是雇用了另一名男按摩師。按摩過程中，高倉神父握著吉木小姐的手，臉頰泛紅，痛苦難耐。吉木小姐雇車送他至城中的紅十字醫院。大型X光照顯示他的第十一與第十二節胸椎骨折，他為此開刀以減輕右側坐骨神經的壓迫，並裝上了束腹支撐。自那之後，他便臥床不起。吉木小姐幫他餵食、替換她自己縫製的尿布並清理身體。他會閱讀聖經和列車時刻表——他告訴吉木小姐，這是世上唯二不說謊話的讀物。他能夠說出該搭哪班車去往何處、餐車食物的價格，以及在哪個車站換車可以省下三百日圓。一日，他興奮呼喚吉木小姐，說他在列車時刻表上找到了錯誤。只有聖經才說真話！

他的神父同僚最終說服他前往神戶的聖路加醫院就診。吉木小姐前去探望，而他從書中抽出一份診療紀錄，上頭寫著「行屍走肉」。高倉神父說想和她回家，吉木小姐便將他接走。「因為有你，我的靈魂才能穿越煉獄。」他躺在自己的床上對她這麼說道。

他越加虛弱，同僚神父將他帶往長束初學院下方窪地中的兩房屋舍。吉木小姐想睡在他的房裡看顧。不行，他說，他允諾的誓言不容許這事。她謊稱這是主任神父的命令，他才大為安心並允許了。之後，他幾乎不再睜眼。她只餵高倉神父吃冰淇淋。每當訪客到來，他唯一能說出口的只有一句「謝謝」。他昏迷了過去，直到一九七七年十一月十九日，在醫師、神父和吉木小姐的陪伴下，這名受原爆影響者深吸了一口氣，與世長辭。

他被安葬在初學院上方山丘頂的一片靜謐松林裡。

FATHER WILHELM M. TAKAKURA, S.J.

R.I.P.

耶穌會的威廉・高倉誠神父

安息主懷

長束初學院的神父與修士們多年來始終注意到，那座墳前總擺有鮮花。

佐佐木敏子

一九四六年八月，佐佐木敏子正慢慢從原爆後一年的煎熬病痛和沮喪中恢復過來。她的弟弟康夫和妹妹彌榮子在原爆當日身處己斐老家而倖免於難。如今，她和弟妹一起住在那裡，才剛走出過去陰霾並重見天光，卻又立刻遭逢一記重擊。

三年前，她的雙親與一戶人家談妥婚事，她也和那名年輕的未婚夫見過面。兩人對彼此頗有好感，決定接受這段安排。他們租了一棟屋子以備日後同居，但未婚夫突然受徵召至中國服役。她曾聽聞未婚夫已返國，卻許久未見他前來探望。當他終於現身時，雙方都明白這段婚約註定無法維繫下去。每當他來訪，康夫都會氣得跑出家門。種種跡象顯示，男方家族對他迎娶跛腳的被爆者一事，心中存有遲疑。他之後不再登門，僅僅寫了幾封信，字裡行間盡是隱喻和模糊的意象——蝴蝶尤為頻繁——顯然是在試圖表達內心的動搖，或許也有那麼一絲罪疚。

唯一能帶給敏子真正慰藉的人，是不斷前去已斐探望她的克蘭佐格神父。他決心要引領她歸入信仰的懷抱。儘管他講道邏輯縝密、自信堅定，卻絲毫說服不了敏子，因為她無法接受奪走自己雙親性命、令她遭受如此痛苦折磨的上帝竟是慈悲又仁愛的。然而，她還是受到神父堅持不懈的探訪打動，內心為此感到溫暖與療癒，因為她看得出神父也虛弱多病，卻仍不辭辛勞跋涉長路而來。

她家坐落懸崖邊，崖上生長一片竹林。一日早晨，她走出屋外，見到陽光照映在竹葉上，宛如魚兒閃爍鱗光，這幕之美使她屏息。她的內心迸發出一陣驚奇的喜悅，那是她記憶中許久以來首次有過這種感受。不知不覺間，她聽見自己背誦著主禱文。

九月，她正式受洗了。克蘭佐格神父當時正在東京住院，因此由切希利克神父代為施洗。

——

佐佐木小姐存有一些父母留下的積蓄，自己也接些縫紉活兒以撫養康夫和彌榮子，但仍對未來深感憂慮。她自學不靠枴杖也能跛行。一九四七年的一場夏日，她帶著弟妹前往附近的杉之浦海水浴場游泳。她在那裡和一名年輕男子聊了起來，得知他是韓國來的天主教初學修士，正在照料一群主日學校的孩童。一會兒後，他說自己難以想像佐佐木小姐如何這樣度日下去，既得肩負起照顧弟妹的職責，自己的身體又虛弱。那名初學修士告訴她，廣島有一間「光之園」孤兒院很好。她將弟妹安置在那裡，不久後便申請在該院擔任照顧人員並獲聘，得以與康夫和彌榮子相伴，心中也多了一份慰藉。

她工作表現出色，似乎從中找到了人生使命。翌年，她確信弟妹皆已安頓妥當，便接受調派至另一間位於九州別府郊外、叫做「白菊寮」的孤兒院，而她在那裡能夠接受專業的育幼培訓。一九四九年春，她每日搭火車往返各約半小時到大分大學修課，並於九月通過測驗，成為合格的幼兒園教師。她在白菊寮工作了六年。

她的左小腿嚴重變形、膝蓋僵硬，大腿則因佐佐木醫師的深層切創而萎縮。管理孤兒院的修女安排她進到別府國立醫院接受整形手術。她在醫院待了十四個月，期間動了三次重大手術：第一次是為了修復大腿，但成效不彰；第二次是為了解開僵硬的膝蓋；第三次則是為了重新打斷脛骨和腓骨，將其矯正回接近原本的位置。出院後，她前往附近的溫泉療養中心復健。此後，她的腿部仍作痛，膝蓋再也無法完全彎曲，但兩腿長度總算相差不多，步伐也近乎正常。之後，她便重返工作崗位。

白菊寮可收容四十名孤兒，鄰近一座美軍基地；一側是士兵的運動場，一側是軍官的住宅。韓戰爆發後，基地和孤兒院都人滿為患。時不時會有女子帶來與美國士兵生下的嬰兒前來，從不承認自己是母親，反而說她是受友人所託。夜裡常有年輕士兵溜出基地，懷著忐忑不安的心前來，請求探望他們的孩子，而當中有白人也有黑人。他們只想看看一眼嬰孩的臉龐。儘管孩子或許此生無緣見到親生父親，仍有些士兵設法找到孩子的母親並和她們結婚。

佐佐木小姐對那些父母（其中有些母親是妓女）深感同情。她認為那些父親只是些年僅十九、二十歲的懵懂少年，受徵召去打一場與自己無關的戰爭，成為父親後覺得自己懷有一絲責任，或至少為此感到內疚。這些想法使她萌生出一種對被爆者而言並不尋常的觀點：世人往往太過關切原子彈的威力，從而忽略了戰爭本身的邪惡。她的見解略微苦澀，直指受創不深的被爆者和渴望權力的政客老是將焦點放在原子彈，並不關注在這場戰爭中受害的人們：被原子彈或燒夷彈轟炸的日本平民、遭日軍攻擊的中國百姓、被迫徵召上戰場而喪命或傷殘的日美青年，以及——沒錯——日本妓女與其混血孩子。倖存於原爆的佐佐木小姐深知原子彈的殘酷，但她認為人們更應該關注全面戰爭的起因，而非其工具。

每年一段期間，佐佐木小姐都會從九州前往廣島探望弟妹，也總會去三篠教會拜訪已改名成高倉誠的克蘭佐格神父。一趟旅途中，她在街上看見過去的未婚夫，確信他亦看見了自己，但兩人並未交談。高倉神父問她：「你打算這樣辛苦工作、過完一生嗎？你不該結婚嗎？若你選擇不婚，是不是該成為修女？」對於這些問題，她思索了許久。

有一日在白菊寮，她接到一則緊急通知，說她弟弟發生了車禍且生命垂危。她急忙趕去廣島。事後得知康夫的車被警車撞上而肇責在警方，所幸康夫最後活了下來，但四根肋骨和雙腿都骨折、鼻梁塌陷、額頭留下永久性凹陷，並且失去了一眼視力。佐佐木小姐以為自己往後都得照顧他，於是開始上會計課，幾週後考取了三級簿記員執照。然而，康夫的恢復狀況出乎意料地好，他利用事故賠償金進到音樂學校修讀作曲。見此，佐佐木小姐便回到孤兒院任職。

一九五四年，佐佐木小姐拜訪高倉神父，說她現在確信自己永遠不會結婚，認為是時候去修道院了。她詢問神父推薦哪個女子修會，他建議佐佐木小姐加入三篠教會旁的法國拯望會。她不想進到必須說外語的修會，但神父保證她在那裡可以繼續使用日語。

她進到修院，在最初幾日便發現自己上了高倉神父的當。她得學習拉丁語和法語，也受告知每當清晨喚醒的敲門聲傳來時，她必須高喊：「*Mon Jésus, miséricorde!*」（主耶穌啊，憐憫我們吧！）第一夜，她用墨水將這句話寫在掌上，好在翌日早晨正確讀出，未料當時天色太暗而根本看不清。

她害怕自己會失敗。不過，她很快便瞭解修會創辦人安珍妮·司麥特（Eugenie Smet）——又尊稱真福主顧瑪利亞——的生平故事。一八五六年，她在巴黎展開貧民照護與居家護理的事業，最後還親自培訓並派遣了十二名修女前往中國。佐佐木小姐那時已經三十歲，要像學生一樣修習拉丁語對她而言十分困難。她幾乎不曾踏出修院半步，偶爾才能忍著腿上的疼痛，步行兩個鐘頭到附近的三瀧（那裡的山上流著三道美麗的瀑布）。隨著時間過去，她發覺自己竟有意想不到的毅力，並將此歸功於她在原爆後的日子裡，對自身所領悟到的一切。一日，主任修女瑪莉·聖—尚·德·康提（Marie Saint-Jean de Kenti）

問她，要是我們告知你不合格，必須離開這裡，你會怎麼做？她回答：「我會緊抓住那根橫梁，用盡全力不放手。」她確實撐住了，並於一九五七年立下清貧、貞潔與服從的誓願，成為多明尼克．佐佐木（Dominique Sasaki）修女。

——

拯望會已充分見識到她的堅強，在她完成於初學院的修習後，直接指派她前往九州黑崎附近，管理名為「聖若瑟園」的老人之家。她當時才三十三歲，是第一個擔任院長的日本人，負責帶領十五名員工（其中有五人是來自法國和比利時的修女）照顧七十名長者。她得立刻投入和地方及中央官員的各項協調談判。她手邊並無任何關於老人照護的書籍可供參考。她接手的是一棟破舊的木造建築——原本是寺廟——和一個連讓患者溫飽都成問題的機構，而部分長者甚至得自行外出撿柴。多半的男性長者曾在九州那以苛酷著稱的礦場工作。幾名外籍修女更是脾性不好，說話方式與日本人截然不同，直率又尖銳，常讓佐佐木修女備感受傷。

她從苦難中磨出的頑強精神終於發揮了作用，使她得以掌管聖若瑟園整整二十年。她憑藉學過的會計知識，導入條理分明的帳務系統。最終，拯望會在美國分部的協助下募得了資金興建新樓，並由佐佐木修女親自監工，確保那棟混凝土磚造建築依山建成。幾年過後，地下水道開始侵蝕建築，她便令人改建一棟更為現代的鋼筋混凝土建築，屋裡設有單人與雙人房，房內配備西式盥洗臺與廁所。

她發現自己最大的天賦，是幫助患者安詳離世。她在原爆後目睹太多死亡，也見識過人們臨終前所做過的種種怪事，如今已沒有什麼能使她驚訝或畏懼了。第一次守在臨終患者身旁時，她憶起原爆後不久的一夜，自己躺在戶外，無助忍受著身上劇痛，身旁則是一名垂死的年輕男子。佐佐木修女和他交談了整夜，而最讓她難以忘懷的感受，是他令人害怕的孤獨。翌日早晨，她看著那名年輕男子死去。在院內的病榻旁，她總會記得那份孤獨。她不會和臨終患者多說話，只是握著他們的手，或輕觸他們的手臂，僅僅為了讓對方知道她在這裡陪伴著。

有一次，一個老人在臨終時向她坦白，自己曾拿刀刺死人，並看著對方失血而死。他的描述極為生動，使她感覺彷彿親眼見證了那場殺戮。儘管這名兇手並非基督徒，佐佐木修女仍對他說，上帝已經寬恕了他，並讓他死於安詳。另一個老人是九州礦工，酗酒成性、聲名狼藉；他的家人都拋棄了他。他在院中拼命想討好所有人，主動搬煤到儲罐，為鍋爐添柴生火。他患有肝硬化，一再被警告不該領取院方每日配發給退休礦工的五盎司蒸餾酒，但他仍照喝不誤。一晚，他在餐桌旁嘔吐，血管破裂，拖了整整三日才去世。佐佐木修女一直陪伴在側，握著他的手，讓他帶著一道念頭離世：至少在活著的時候，她覺得自己是個好人。

一九七〇年，佐佐木修女前往羅馬參與服務修女國際會議，結束後又在義

大利、瑞士、法國、比利時和英國考察社福機構。一九七八年，五十五歲的她從聖若瑟園退休，並獲得前往教廷度假旅行的機會。然而，她閒不下來，在聖伯多祿大殿外擺了張椅子，為日本遊客提供諮詢建議；後來，她還去到佛羅倫斯、帕多瓦、阿西西、威尼斯、米蘭和巴黎旅遊。

回到日本後，她在拯望會的東京總部擔任了兩年志工，接著在當初接受訓練的三篠修院擔任主任修女兩年。之後，她在教會接手的伊莉莎白音樂學院負責管理女子宿舍，過著安穩的生活。康夫在這個學院畢業後，取得了教師資格，如今在四國高知的一所高中教授作曲與數學。彌榮子則嫁給在廣島經營診所的醫師，佐佐木修女若有需要便會前去求診。除了腿部持續的不適，她這些年來也承受著各式病痛——肝功能異常、夜間盜汗和清晨發燒、疑似狹心症、腿部出現血斑，以及血檢中顯示的類風濕因子——且如同無數被爆者一樣，這些症狀始終難以確定是否源自原爆。

一九八〇年，她在東京總部服務的期間，迎來了人生最快樂的時刻：她在慶祝自己成為修女二十五週年的晚宴上受到表揚。碰巧的是，當晚的另一名貴賓是巴黎總部的會長法蘭絲・德勒庫（France Delcourt），而她也正好加入修會滿二十五年。德勒庫修院長贈送佐佐木修女一幅聖母瑪利亞的畫像。佐佐木修女在致詞中說：「我不會沉浸於過往。我在原爆中生還，就好像上天多給了我一條命。但我不願回首，我會繼續向前走。」

藤井正和醫師

年約五十的藤井醫師是個性情開朗的人，十分樂於和外國人交往。他在海田市的診所經營得相當順利，而他在夜晚的樂趣，就是熱情招待盟軍成員，不斷為他們酌上不知從何取來的三得利威士忌。他多年來熱衷於學習外語，其中包括英語。他與克蘭佐格神父交情深厚，後者常於晚上前來拜訪並教他德語。藤井醫師甚至學過世界語。戰時，日本的秘密警察深信俄國以世界語作為間諜代碼，因此多次盤問藤井醫師，懷疑他與共產國際有所來往。他如今則熱切想與美國人交友。

一九四八年，他在遭原子彈炸毀的診所舊址上重建了一座新的。那是一棟簡樸的木造建築，設有六間住院病房。他曾受過整形外科的訓練，但這門技術在戰後已分化為不同專科。他早年特別關注先天性髖關節脫臼的研究，如今自認年事已高，無力投身任何專科；況且，他也缺乏所需的高端設備。他會處理蟹足腫、闌尾炎和一般傷口，亦進行內科診治，偶爾接手性病個案。透過盟軍友人的管道，他得以獲取盤尼西林。他每日看診約八十名病患。

他育有五名子女，他們皆已成年，並遵循日本傳統追隨父親的腳步。長女和么女名為美枝子和千枝子，她們都嫁給了醫師。長子正俊繼承了海田市的診所與其業務；次子景二雖未上醫學院，但成為了一名放射師；三子成之則是個年輕醫師，在東京日本大學醫院任職。景二和雙親同居，住在藤井醫師於廣島診所旁所蓋的屋中。

——

藤井醫師並未受到輻射過量的影響，而他顯然認為，面對原爆所帶來的任何心理創傷，最佳的治療方式便是遵循享樂原則。他甚至建議出現輻射症狀的被爆者定期飲用酒精。他很享受生活，對病患充滿同情，但不認為勞碌工作是件好事。他在自家裝設了一座舞池，也買了撞球桌。他喜歡攝影，還因此建了暗房。此外，他會打麻將。他亦樂於接待外國訪客。晚上就寢時，護士會替他按摩，有時則施打治療針劑。

他開始打高爾夫球，在庭院建了一座沙坑和球網。一九五五年，他支付了十五萬日圓（當時大概多於四百美元）的入會費，加入高檔的廣島鄉村俱樂部。他不太常打高爾夫球，但還是保留了家庭會員資格，這讓他的子女們樂不可支。三十年後，加入該俱樂部的費用飆升至一千五百萬日圓，也就是六萬美元。

他沉迷於日本棒球熱潮。廣島球員起初被用英文稱作Carps（鯉魚），直到他向大眾指出這詞的複數型態不加s，球隊名稱也應如此。他經常前往新建的大型體育場觀賽，不遠處就是原爆圓頂館——廣島產業獎勵館的廢墟，也是全市少數保留下來的原爆紀念遺跡。鯉魚隊在早期賽季表現不佳，卻始終擁有一群狂熱的球迷，就像布魯克林道奇和紐約大都會在戰績慘淡時，那些不離不棄的支持者。藤井醫師卻有些頑皮，反而支持東京燕子隊，並將隊徽別在西裝上。

原爆後重建成嶄新城市的廣島，竟發展出日本最浮華絢爛的娛樂街區——夜幕降臨後，五光十色的霓虹燈閃爍，引誘人們步入酒吧、藝妓館、咖啡廳、舞廳，以及持照營業的妓院。一場夜晚，當時已有「playboy」之稱的藤井醫師，帶著從東京醫大的繁重課程中暫時返家的二十歲兒子成之，走上燈紅酒綠的城中街頭並教他如何做個男人。他們來到一棟擁有偌大舞池的建築，看見一排女孩站在一側。成之告訴父親，自己不知該怎麼做；他的腿都發軟了。藤井醫師買了一張票，挑出格外漂亮的女孩，讓成之向她鞠躬，然後領著她到舞池，跳出他在家裡教過的舞步。他吩咐女孩要溫柔對待自己的兒子，隨後便悄然離去。

一九五六年，藤井醫師展開了一段旅程。此前一年，原爆少女已去到美國進行整型手術，一路上有兩名廣島的外科醫師隨行。那兩名醫師無法久留超過一年，於是藤井醫師取得了前往的機會。他於一月啟程，在紐約及周遭地區待了十個月，就像慈父一樣給予二十五名殘疾女兒溫柔與關愛。他在西奈山醫院觀摩女孩們的手術，並擔任美國醫師與她們的口譯，協助她們理解手術情況。能用德語和幾名醫師的猶太裔妻子交談，令他十分得意；有一次在招待會上，就連紐約州州長都稱讚他的英語說得很好。

女孩們都寄宿在美國家庭中，因語言不通而時常感到孤單。活潑又體貼的藤井醫師便設法讓她們打起精神，安排她們外出享用日本料理，每次帶上兩三個女孩同行。一次，名叫山岡美智子的少女完成重大手術三日後，美國醫師與其妻子舉辦了一場派對。她的臉上包著紗布，雙手纏著繃帶並綁在身上。藤井醫師不希望她錯過派對，於是請美國醫師安排她乘坐紅色敞篷禮車，由警察在城中開道前往派對。途中，藤井醫師讓司機停在藥妝店前，花十美分為美智子買了玩具馬，並請警察幫忙拍下這一幕。

有時，他會獨自外出尋歡。與他住在飯店同房的高橋醫師酒量不好也淺眠。藤井醫師夜歸時總會弄出一陣騷動，倒在床上後便打起震耳鼾聲，把室友吵得難以入睡。不過，他自己倒是玩得不亦樂乎。

——

時隔九年，在廣島生活的他是否依舊這般逍遙自在？他女兒千枝子的丈夫並不如此認為。女婿察覺到他越加頑固拘謹，甚至開始有些憂鬱。為了替父親分憂，三兒子成之放棄在東京的事業，回到廣島擔任他的助手，搬進藤井醫師離診所一座街區之遠的空地所建的屋子。他人生中的一片陰霾，來自他擔任會長的廣島獅子會引發的內部爭議。眾人爭論是否該調整入會規則，成為像日本醫師會一樣的上流社會組織，抑或維持其服務性質並向大眾開放。眼看自己主張的後者立場就要在爭論中失利，他便帶著失望果斷辭去會長職務。

他與妻子的關係日益緊張。自美國行之後，他始終渴望擁有一棟像西奈山醫院的醫師那樣的宅邸，而如今使妻子頗為懊惱的是，他竟在成之所住的木造屋旁，自己設計並建造了一棟三層樓高的混凝土住宅。一樓是客廳和美式廚房；書房在二樓，架上擺滿裝訂成冊的書籍——成之最後發現，那些一冊又一冊的書其實是父親在醫學院時，抄錄自名叫岩本的優秀同學在課堂上所做的嚴謹筆記；頂樓則是八疊大的日式臥房和一間美式浴室。

到了一九六三年底，他加緊趕工，只為讓一對招待過幾名原爆少女的美國夫婦在年初來訪時入住。他想在那之前先住幾晚試試。他的妻子反對這樣倉促行事，但他仍堅持在十二月底搬了進去。

——

一九六三年的元旦前夕，藤井醫師愜意躺在成之家中的榻榻米上，雙腳放在電暖桌下取暖。與他同在的有成之和他的妻子，以及另一對夫婦，但藤井醫師的妻子並不在。他們計畫當晚小酌幾杯，觀看一年一度的除夕節目《紅白歌唱大賽》。這齣節目是一場紅隊（女歌手）與白隊（男歌手）之間歌唱競賽，其參賽者由觀眾票選而出，評審則是知名女演員、作家、高爾夫球手、棒球選手等人。節目從晚上九點進行到十一點四十五分，隨後是迎接新年的敲鐘儀式。約莫十一點時，成之注意到父親開始打起瞌睡（雖然他沒喝多少酒），於是建議他回去休息。幾分鐘後，藤井醫師便在節目結束前離開，這次並未像往常一樣有護士為他按摩雙腿，照料他至入睡。半晌過後，成之因牽掛父親而繞到新家靠河一側，抬頭查看父親臥室的燈還亮著，心想一切應該安好。

家中約好翌日上午十一點聚餐小酌，並享用傳統的新年早餐——雜煮（年糕湯）。千枝子和其丈夫，以及其他幾名賓客陸續抵達並開始飲酒。十一點半，藤井醫師尚未到場，成之便派他七歲的兒子正繼前去呼喚祖父。正繼並未得到回應，他試著開門，但門上鎖了。他和鄰居借了梯子爬上去呼喊，依舊不聞任何動靜。他告訴父母後，夫婦倆慌張起來，趕緊打破門旁窗戶闖入屋內，一股瓦斯味立刻撲鼻而來。他們衝上樓，發現藤井先生昏迷不醒，床頭的瓦斯暖爐開著卻未點燃。奇怪的是，通風扇也正運轉著；送進房內的新鮮空氣可能救了他一命。他仰躺著，神情安詳。

在場正好有三名醫師：兒子、女婿及一名賓客。他們立刻從診所取來氧氣和急救器材，盡全力搶救藤井醫師，並連繫他們認識的頂尖醫師——廣島大學的宮西教授。他的第一道問題是：「這是自殺嗎？」家人並不這麼認為。元旦假期的三天之內，廣島全城陷入停擺，醫療服務僅維持最低限度的運作，所以直到一月四日前，他們什麼也做不了。藤井醫師雖仍昏迷，但生命跡象還算穩定。一月四日，救護車終於到來。擔架人員將藤井先生抬下樓時，他微微動了一下並逐漸恢復意識，似乎以為自己正在原爆之後的救援中。「你們是誰？」他問。「你們是士兵嗎？」

在大學醫院裡，他的身體漸漸好轉。一月十五日，一年一度的大相撲開賽，他要求拿出自己從美國買來的可攜式電視機，這樣便可坐在病床上觀看。他用筷子時有些笨拙，但還是能夠自行進食。此外，他還向人要了一瓶清酒。

此時，家人都已鬆下戒心。一月二十五日，他忽然腹瀉、糞便帶血，隨即脫水並陷入昏迷。

接下來的九年裡，他過著植物人的生活。起初兩年半住院，依靠胃管進食，之後被接回家，由妻子和一名忠心的僕人照料。他們每日透過胃管餵食、替換尿布、洗浴、按摩，並治療他的泌尿道感染。他偶爾會對聲音有所反應，有時似乎能隱約表現出愉悅或不悅。

一九七三年一月十一日晚間十點，成之帶著兒子正繼——當年爬梯呼喚祖父的男孩，如今已是十六歲的醫學預科生——來到藤井醫師的床邊。他希望兒子以醫師的眼光看看祖父的狀況。正繼細聽祖父的呼吸和心跳，然後測量他的血壓；他認為目前情況穩定，而成之也表示同意。

隔日早晨，成之接到母親的電話，說他父親看起來不太對勁。成之趕到時，藤井醫師便已過世。

藤井醫師的遺孀反對驗屍，但成之堅持找出死因，於是想出了一個辦法。他先將父親遺體送去火葬場，當晚再從後路轉至位於廣島市東邊丘頂、由美國主導的「原爆傷害調查委員會」。驗屍完成後，成之前去領取報告，看見父親的器官分裝在一個一個容器中，心中湧起一股異樣感，彷彿這是與父親最後的相逢。他說：「你在這裡啊，爸爸（お父さん）。」報告顯示他的父親大腦萎縮、大腸擴張，且肝臟有一顆乒乓球大小的惡性腫瘤。

遺體最終火化，安葬於淨土真宗的蓮光寺地中，鄰近他母親在長束的老家。

——

這名被爆者的故事最終走向了悲劇。他的家人為遺產反目成仇，母親甚至將兒子告上了法院。

谷本清

原爆後一年，廣島人開始回到化做廢墟的家園。許多人搭建簡陋的木屋，到處撿拾掉落的瓦片鋪成屋頂。由於缺少電力，屋內一片黑暗，而每當黃昏時分來臨，孤獨、困惑、徹底失望的人們聚在橫川車站附近的空地，一邊進行黑市交易，一邊彼此安慰。一到傍晚，谷本清與另外四名新教牧師會一同走進這片地區，還有小號手及鼓手演奏《信徒精兵歌》（*Onward, Christian Soldiers*）。牧師會輪流站在木箱講道。在這幾無娛樂的時期總有人群圍觀，甚至連專門接待美軍的妓女（後來稱作「潘潘」〔パンパン〕）也駐足聆聽。被爆者原先將怒火指向投下原子彈的美國人，但這股怨憤後來逐漸轉向自己的政府，因為正是他們一時魯莽的決定，讓國家捲入這場註定失敗的戰爭。牧師奉勸人們，責怪政府無濟於事，日本人民的希望在於悔改過去的罪行並信靠上帝。「你們要先求他的國和他的義，這些東西都要加給你們了。所以不要為明天憂慮，因為明天自有明天的憂慮，一天的難處一天當就夠了。」（《馬太福音》六：三三—三四）

谷本清沒有教堂能夠引領皈依者前來，他很快便明白這樣的街頭傳道只是徒勞無功。他在市中帶有哥德式塔樓的鋼筋混凝土教堂，尚有部分殘骸仍屹立不倒，他得設法將其重建。他沒有資金。這棟建築投保了十五萬日圓（當時不到五百美元），但銀行基金遭到占領當局凍結。聽聞軍用物資正分配用於各類重建工程後，他從縣政府那裡取得幾張「物資轉用」的許可票證，開始到處尋找可以使用或兌現的東西。那時竊盜猖獗，民間對日本軍方充滿怨懟，許多物資倉庫被洗劫一空。他終於在蒲刈島上找到一座油漆倉庫。美軍占領人員早已將現場弄得一團糟。他們看不懂日文標籤，戳破並踢翻無數油漆罐，似乎是想確認內容物。谷本牧師取得一艘船，把大批空罐運回本島，和戶田建設會社以物易物，換來教堂所需的瓦片屋頂。接下來的數月間，他和幾名忠實教友一點一滴親手進行木工建造，但資金不足而進展有限。

一九四六年七月一日，原爆週年前夕，美國在比基尼環礁進行了一場原子彈試爆。一九四八年五月十七日，美方宣布另一項測驗成功。

谷本清與埃默里大學的同窗馬文・格林（Marvin Green）牧師（任職於紐澤西州威霍肯的公園教會）通信，提及自己重建教堂的困難。格林與衛理公會的宣教委員會聲請，邀請谷本前往美國募款。一九四八年十月，谷本告別家人，搭上美國運輸艦「戈登號」遠赴舊金山。

在海上航行期間，一道野心勃勃的念頭浮現他的心中。他將把餘生奉獻給和平事業。他逐漸相信，被爆者的集體記憶會成為推動世界和平的強大力量，並主張在廣島設立一座中心，讓原爆經驗成為國際和平研究的焦點，致力防止核武造成另一場浩劫。他後來甚至未與濱井信三市長或其他廣島人士徵詢意見，便自己在美國起草了一份備忘錄，試圖勾勒心中的理想藍圖。

他借居馬文．格林牧師寓所的地下室。格林牧師召集了幾名志工，擔任谷本的經紀人和宣傳員。他從名錄中找出全美教友超過兩百人，或是預算超過兩萬美元的教會，向這上百個教會寄出親手寫下的傳單，為谷本清徵求前去演講的機會。他規劃了一系列行程，谷本便帶著固定的講稿〈從灰燼中誕生的信仰〉（The Faith That Grew Out of the Ashes）去到各地，在每個教會舉行募款。

在巡迴演講之旅中，谷本不斷將那份和平中心的備忘錄遞交給有影響力的人。有次從威霍肯前往紐約的路上，一名日本友人帶他去到自己丈夫經營的出版社，和賽珍珠見上一面。她讀了備忘錄後細聽古本說明，說自己對此構想印象深刻，但自己年事已高、行程繁忙，恐怕幫不上什麼忙。不過，她認為有個人或許能提供協助，那就是《星期六文學評論》（*The Saturday Review of Literature*）主編諾曼．考辛斯（Norman Cousins），建議谷本將備忘錄寄給他，表示會和他親自提起這件事。

不久之後，谷本牧師在亞特蘭大附近的鄉間地區巡迴演講時，接到考辛斯致電，說這份備忘錄讓他深受感動，並詢問是否能將其作為客座社論刊登於《星期六文學評論》上。

一九四九年三月五日，備忘錄刊登於該雜誌，標題為〈廣島的構想〉（Hiroshima's Idea）。考辛斯在導言中寫道：「本刊編輯們熱烈支持這項構想，並願意與之攜手前行。」——

> 一九四五年八月六日，廣島人民自原爆後的恍惚茫然中回過神來，意識到自己成了實驗的一部分，而這場實驗正好印證了和平倡議者長久以來的主張。他們皆認同自己肩負重要使命，協助防止類似災難再度降臨於世……
>
> 廣島人民……誠摯盼望這段苦難經歷能為世界和平做出永久貢獻。為了實現這項目標，我們提議設立一座具國際性且不分派系的世界和平中心，作為全球和平教育的研究與規劃實驗室……

事實上，廣島的人們全對谷本清（以及後來的考辛斯）的構想方案一無所知。但是，他們仍無比清楚，廣島這座城市註定會在世界歷史中留下重要的一頁。八月六日，正逢原爆四週年，日本國會通過一項法案，將廣島定為「和平紀念都市」，日本建築大師丹下健三設計的紀念公園最終方案也對外公開。公園中心將設置一座莊嚴的慰靈碑以紀念罹難者，其造型仿自「埴輪」——發現於日本史前墳墓的陶製拱形建物，可能象徵亡者的居所。當日，成千上萬民眾齊聚參與一年一度的和平紀念儀式。谷本則遠在大洋彼岸，正在美國各地的教會巡迴演講。

幾日後，諾曼．考辛斯到訪廣島。他已將谷本清的構想置於一旁，轉而專注於另一項新計畫：主張應將支持世界聯邦主義者（推動世界政府成立的組織）的國際請願書交給杜魯門總統——正是他下令投下了原子彈。沒過多久，廣島便收集到十萬七千八百五十四份簽署。考辛斯在參觀當地的孤兒院後，又萌生出了另一道構思，主張推動美國人「精神領養」廣島孤兒，向那些孩童提供經濟援助。美國也正在進行聯邦主義者的請願簽署，考辛斯則邀請谷本清

（他此前對這組織所知甚少）參加遞交請願書給杜魯門總統的代表團。不幸的是，哈利・杜魯門總統拒絕接見代表團，也拒收請願書。

一九四九年九月二十三日，莫斯科電臺宣布，蘇聯已成功研發原子彈。

到了年底，谷本清已經走訪了三十一州、兩百五十六座城市，為其教會募得約一萬美元。谷本返國前，馬文・格林碰巧提及自己打算處理掉那臺老舊的綠色凱迪拉克，他便請求這名友人捐給廣島的教會使用，格林也答應了。谷本隨後透過從事航運的日本友人，將車子安排免費運回日本。

一九五〇年初返抵日本後，谷本聯繫濱井市長和楠瀨常豬縣長，懇請他們以官方名義支持他的和平中心計畫，但遭到回絕。當時的駐日盟軍總司令道格拉斯・麥克阿瑟上將透過新聞審查和其他措施，嚴格禁止一切有關廣島和長崎原爆處境的報導或抗議，連主張和平的言論也毫不例外，而官員們顯然是擔心谷本的和平中心計畫會讓地方政府惹上麻煩。但谷本鍥而不捨，召集多名地方上的重要人士，在諾曼・考辛斯於紐約成立「廣島和平中心基金會」並接收美方資金後，他們終於將中心設置在谷本所屬的廣島教會中。起初，和平中心的運作相當有限。（但多年後，當和平紀念資料館及和平紀念館於公園落成，並開始舉辦一年一度且十分熱絡——有時甚至很是激烈——的國際和平會議時，才有部分廣島市民承認這一切的種子，都是谷本清無懼麥克阿瑟的禁令所播下的。）

凱迪拉克運抵後，迫不及待的谷本決定將這輛耗油車開出門兜風。他開上市區東邊的比治山時，被一名警察攔下並以無照駕駛的罪名逮捕。當時，他碰巧剛開始擔任警察學校的牧師，警局高層見他被帶進來後，笑了笑便隨即放人。

一九五〇年仲夏，考辛斯邀請谷本回到美國，進行第二輪巡迴演講，為世界聯邦主義者、精神領養及和平中心計畫募款。八月底，谷本再度啟程。馬文·格林如以往那樣協助籌畫行程。這次，谷本在八個月內走訪了二十四州、兩百零一座城市。這趟旅程的高光時刻（或許也是他一生的高峰），是在考辛斯的安排下於一九五一年二月五日造訪華盛頓，他在當日與眾議院外交事務委員會的成員共進午餐後，於參議院的午後會議獻上開場禱告：

天父啊，感謝祢在過去的十年間，賜予美國建造人類歷史最偉大文明的莫大恩典……上帝啊，感謝祢讓日本有幸承接美國施予的寬容。感謝祢使我們的人民得以享有自由之賜，使他們從廢墟的灰燼中重生……願上帝保佑參議院的所有成員……

來自維吉尼亞州的參議員A·威利斯·羅勃遜（A. Willis Robertson）起身表示自己「震驚又感動」，說道：「這名我們試圖用原子彈殺死的男子，如今來到參議院上，向我們共同信仰的上帝獻上感恩，感謝祂賜予美國偉大的精神傳承，並祈求祂保佑每一名參議員。」

——

原子彈投於廣島前一日，當局為了預防燒夷彈轟炸，派出了數百名女學生拆除屋舍並開闢防火巷道。她們在原爆時身處戶外，唯有幾人存活下來，其中多數面部、手臂和雙手嚴重燒傷，後來形成醜陋的蟹足腫。谷本在第二次訪美返國後一個月，開始以和平中心計畫的名義，為她們開設聖經課程，並稱之為「蟹足腫少女協會」。他購得三臺縫紉機，安排女孩們在他創辦的寡婦之家二樓的工作室工作。他向市府申請經費為蟹足腫少女進行整容手術，但遭到拒絕。他於是轉向原爆傷害調查委員會——該組織負責研究原爆後遺症，而這些後果正是當初決定投下原子彈的人無法預見的。委員會回應他們只進行研究，並不提供治療。（因此，該機構深受被爆者反感；他們認為美方將自己當作實驗室裡的白老鼠。）

此時，名叫真杉靜枝的女子從東京來訪廣島。她是那年代非常少見的日本女性。作為記者，她在年輕時便離異，後又相繼成為兩位知名小說家的情婦，最後再次步入婚姻。她寫過關於女性的苦澀戀情與孤獨的短篇小說，如今則在東京大報《讀賣新聞》為感情受挫的女性撰寫專欄。她死前皈依天主教，但選擇葬於東慶寺——建於一二八五年的禪宗古剎，由一名為受虐婦女深感不平的僧人所創。他立下規定，凡是逃入寺中出家的婦女，皆視為與丈夫離婚。她在此行中詢問谷本清，被爆女性最迫切需要的是什麼？他說是蟹足腫少女的整形手術。她於是在《讀賣新聞》發起募款活動，不久便送九名女孩前往東京進行手術，後又送十二位至大阪。報紙將她們稱為「原爆少女」（原爆乙女），令女孩們備感為難不堪。

一九五二年十月，英國進行了首次原子彈試爆，美國則第一次進行了氫彈試爆。一九五三年八月，蘇聯也完成了氫彈試驗。

原爆少女在東京和大阪進行的手術並不理想，而馬文・格林造訪廣島時便思考・是否可能將幾名女孩送至美國接受技術較為先進的整容手術。一九五三年九月，考辛斯和妻子來到廣島交予部分精神領養的資金。谷本清向他們介紹幾名少女，並提及格林的提議。兩人都表示支持。

他們離開之後，市長辦公室裡召開了一場尷尬的會議，討論精神領養資金的分配問題。考辛斯帶來了一千五百美元，但其中有兩百美元已經預留給六名指定兒童、六十五美元分給原爆少女，谷本則在福屋百貨公司花了一百一十九美元購買公事包，作為考辛斯贈給六間孤兒院院長的禮物。如此一來，只剩下一千一百一十六美元，每名孤兒平均僅獲約二・七美元。市府官員原以為自己是計畫的主導方，對於谷本擅自動用基金一事憤怒不已。根據廣島的《中國新聞》報導：「谷本牧師回應，自己只是依照考辛斯先生的指示行事，並非出於個人意願。」

谷本近年來已漸漸習慣外界批評。他長期在美國募款，缺席教會事務，被人稱為「原爆牧師」。廣島的醫師們質疑，為何不在廣島進行手術？為何只救女孩？為何不救男孩？有些人認為谷本牧師的名字太常出現在報紙上。他那輛寬敞的凱迪拉克汽車也引來不少非議，但沒過多久便因老舊而報廢了。

一九五四年三月一日，第五福龍丸在比基尼環礁遭美國核試驗所釋放的放射性落塵波及。

諾曼・考辛斯在紐約著手推動原爆少女的計畫，而在一九五四年末，西奈山和貝斯以色列醫院的整形手術主任亞瑟・巴斯基（Arthur Barsky）醫師，以及西奈山內科醫師、同時也擔任考辛斯私人醫師的威廉・希齊格（William Hitzig），來到廣島挑選最有可能藉由手術獲得改善的少女。城中有許多面容毀損的女孩，但前來接受檢查的只有四十三人，醫師最後從中選出了二十五名。

一九五五年五月五日，谷本清搭乘美軍運輸機，陪同這些女孩從岩國機場起飛。女孩們受安置在紐約各地的接待家庭後，谷本匆匆趕往美國西岸展開另一輪募款巡迴。其中一站是在五月十一日週三晚間於洛杉磯NBC電臺錄影。根據考辛斯給他的說法，那是一場有助於計畫的當地電視訪談。

當晚，谷本清帶著困惑坐在燈光閃爍、鏡頭環伺的棚內，布景看起來就像客廳一樣。他才剛認識、名叫拉爾夫．愛德華茲（Ralph Edwards）的美國紳士，面帶笑容並轉向鏡頭，向每週三夜晚收看節目的四千多萬名觀眾說道：「各位先生女士們，晚安，歡迎收看《這就是你的人生》（*This Is Your Life*）。你們在背景中聽見的滴答聲，是正在倒數至一九四五年八月六日晨間八點十五分的時鐘。坐在我身旁的這位先生，他的人生正是在這最後一刻的八點十五分徹底改變的。先生，晚安。請問您的尊姓大名？」

「谷本清。」

「您的職業是什麼？」

「我是牧師。」

「您的家在哪裡？」

「日本廣島。」

「那麼，一九四五年八月六日上午八點十五分的時候，您在哪裡？」

谷本無從開口回答，時鐘的滴答聲越來越大，定音鼓也隨之轟然敲響。

「這是廣島，」愛德華茲說道，螢幕同時浮現蕈狀雲的影像，「而在一九四五年八月六日那重大的一刻，一個生死的嶄新概念接受了洗禮。今晚的主角——您，谷本牧師！——正是在毫無預警的情況下，見證這一概念受到改寫的瞬間……我們稍後將會追溯您的人生經歷，谷本牧師。在此之前，請先看看播報員鮑伯・沃倫（Bob Warren）對現場女性觀眾特別準備的一段內容。」

毀滅之鐘雖不再作響，仍悄然滴答過了六十秒。此刻，鮑伯・沃倫正試著為一名金髮女子卸除黑茲爾・畢曉普（Hazel Bishop）的指甲油——即使他搬出用來刷鍋鏽的金屬刷，也依然束手無策。

谷本清對接下來發生的事情毫無準備。他呆坐著，滿身大汗，半句話也說不出來，並且依照這知名節目的慣例，他的人生就這樣被草率倉促回顧了一遍。步出拱門的是年老的衛理公會傳教士貝塔・史帕奇（Bertha Sparkey）小姐，她曾在谷本清年輕時教導他基督的道理。接著現身的是友人馬文・格林，他開了一個和神學院生活有關的玩笑。隨後，愛德華茲指出棚內幾名觀眾，他們是在谷本剛領受聖職後，於日裔美人好萊塢獨立教會暫任牧職期間的教友。

緊接著是令人錯愕的一幕。走進來的是一名高大、略顯肥胖的美國男子，愛德華茲介紹他是執行廣島原爆任務的艾諾拉．蓋號轟炸機副駕駛員羅伯特．路易斯（Robert Lewis）上尉。路易斯用顫抖的聲音描述飛行經過。谷本的臉龐則如木頭般僵硬。一度，路易斯忽然停頓，閉上雙眼，揉著額頭，全國上下四千萬名觀眾恐怕都以為他哽咽哭泣。（其實不然，他只是喝醉了。多年過後，馬文．格林告訴一名叫做羅德尼．巴爾克〔Rodney Barker〕的記者——他正在書寫關於「原爆少女」的書——除了谷本之外的所有人都參加了當日下午的彩排，唯獨路易斯遲遲未現身，讓節目組大為緊張。他似乎以為上節目會獲得大筆酬勞，得知沒有後便外出酗酒。所幸，格林在節目開始前終於找到他，給他喝了一杯咖啡後才讓他上場。）

愛德華茲：「您當時在飛行日誌中寫了什麼？」

路易斯：「我在日誌寫道，我的上帝，我們做了什麼？」

接著，谷本千紗身著她從未在家中穿過的和服，踏著碎步快速登上舞臺。她在廣島受到告知，獲准兩日期限內帶著四個孩子飛往洛杉磯。他們一家被關在飯店內，不許和其丈夫與父親連絡。節目進行到這裡，谷本的臉上首次出現變化——驚訝不已，看似早已對快樂感到陌生。隨後，兩名原爆少女箕輪豐子和江盛肇子隱身在半透明幕後，愛德華茲向觀眾呼籲資助她們的手術。最後，谷本的四個孩子——原爆時還在襁褓中的女兒紘子，現已十歲；十歲的兒子建；四歲的女兒純；兩歲的兒子信——跑進他們父親的懷裡。

接收電報：機密

發自：東京

送至：國務卿　　一九五五年五月十二日

駐日大使館與美國新聞處和華府有共同擔憂，顧忌原爆少女計畫可能引發負面輿論……

谷本在這裡被視為追求公眾注意的人，可能會趁此赴美之行為他心

愛的廣島和平中心計畫募款。我方不認為他是共產黨員或親共分子，但他容易成為不利宣傳的來源……

經外交郵袋傳送：機密

谷本牧師在外界看來似乎持反共立場，且協助原爆少女所做出的努力可能出於誠意……然而，在他追求個人聲望的同時，可能會在無意間——或甚至蓄意為之——助長或採取左派立場……

拉爾夫・J・布雷克

美國駐神戶總領事

節目播出後，羅伯特・路易斯返回東岸。此時的他已從空軍退役，正在紐約的亨利・海德（Henry Heide）製糖公司擔任人事經理。他被召回五角大廈，受到國防部嚴正訓斥。

谷本一家留在美國繼續演講巡迴，總計到訪二十六州及一百九十五座城市。電視節目讓他募得約五萬美元，他個人又籌得一萬美元。他的妻子和小孩住在賽珍珠位於賓州巴克斯縣的農莊客房，過了一場美好的夏天。

八月六日，廣島原爆十週年當日，谷本在阿靈頓國家公墓為無名士兵獻花。同天，遙遠的廣島在「第五福龍丸事件」引起的憤怒浪潮下，爆發了一場真正的日本和平運動。首次「禁止原子彈氫彈世界大會」召開，共五千名代表參與。

十二月，谷本一家返回日本。

谷本清已不再身處主流，反被困在漩渦無法掙脫。在美國的演講巡迴上，他展現出對於被爆者而言不可思議的精力，依著繁忙的行程夜夜奔波。但實情是，他多年以來不敵諾曼・考辛斯猛烈如激流的精力，只得在其中載浮載沉。考辛斯帶給他令人陶醉的經歷，滋養了他的虛榮之心，也奪走了他對自身事業的主導權。谷本一手發起援助少女的行動，卻發現即使節目所籌募款足以支付手術費用，他在演講巡迴所取得的資金只有一千美元留在手上，其餘全由紐約方面接管。考辛斯甚至繞過廣島和平中心，改與市府合作；谷本曾懇求將精神領養計畫歸於中心，但最後還是淪為去跑腿購買手提箱。最沉重的一擊是，名為中林智子的少女在西奈山醫院的手術麻醉中身亡，其骨灰送回廣島交還雙親，喪禮由他的老友克蘭佐格神父主持，而谷本卻未受邀。所有少女回國後，她們驚訝發現自己不僅成了公眾焦點，同時也招來不少忌妒和敵意。對於谷本打算成立「錫恩會」來推動宣傳的想法，她們皆表示出抗拒並紛紛與他疏遠。

他在日本和平運動中並無容身之處，因為身處國外的他錯過了發展的關鍵時機，他的宗教立場也使他難以接受走在反核前線的激進組織。在他最後一次出國進行演講的期間，名為「日本原水協」（日本禁止原子彈氫彈協議會）的全國性組織成立，社會各方的聲音亦如潮水湧向國會，為被爆者爭取醫療照護的權利。和許多被爆者一樣，他對這些政治色彩日益濃厚的行動深感排斥，不再出席和平紀念公園的群眾集會。

═══ 一九五七年五月十五日，英國在印度洋上的聖誕島首次試爆氫彈。═══

還在襁褓中便經歷原爆的紘子，幾乎每年都被帶往美方營運的原爆傷害調查委員會進行身體檢查。整體來說，她的健康狀況無礙，但就像許多尚為嬰孩的被爆者，其發育確實受阻。她升上國中後再度赴檢，如往常般在小隔間中脫衣換上白色醫院長袍。一套檢查結束後，她這次被領進明亮的房間，裡頭設有低臺，後牆標有測量格線。她靠牆站著，強光直射眼睛使她無法看清，耳邊傳來英日語夾雜的聲音。有人叫她脫去長袍，她便照做，赤裸站立，淚水從臉頰滑下，時間彷彿永久停滯。

這次經歷帶給紘子陰影，直到二十五年後才將此事說出口。

一九五九年八月下旬某日，一名女嬰被遺棄在谷本清的教會祭壇前。女嬰躺在籃中，尿布上有張紙條，標示著名字叫カナエ（kanae），生日是四月二十八日，也寫著：「我目前無法撫養她。願上帝保佑她，可否請您代我照顧她？」

昔年夏天，谷本家的孩子們在賽珍珠的農莊裡，和她收容的幾十名孤兒（多為東方人）一同玩耍。谷本一家對賽珍珠的慷慨深受感動，於是現在決定收養這名被託付給他們的孩子。

一九六〇年二月十三日，法國在撒哈拉沙漠進行核子試爆。

一九六四年十月十六日，中國首次進行核試；一九六七年六月十七日，中國引爆了氫彈。

一九六八年，紘子與父親一同前往美國，就讀位於紐澤西州哈克特斯敦的百年女子學院。谷本此前曾於一九六四年和一九六五年間重返美國，拜訪母校埃默里大學，隨後經歐洲返日；一九六六年，他又因獲頒路易斯克拉克大學的榮譽學位而訪美。紘子後來轉至華盛頓特區的美利堅大學，在那裡和一名華裔美國人相戀並訂婚，但身為醫師的未婚夫父親表示紘子曾暴露於原爆，無法生育正常的孩子，因而禁止這樁婚事。

回到日本後，紘子在東京找到一份工作，任職於鑽油公司「Odeco」。她並未向任何人透露自己是被爆者。後來，她找到可以傾訴的對象——男友的摯友，最後竟成了自己的丈夫。她有過一次流產，一家人都將其歸咎於原爆。她和丈夫前往原爆傷害調查委員會檢查染色體，雖然並未發現異常，他們還是決定不再嘗試生育，改為領養兩名嬰兒。

日本的反核運動開始在六〇年代初期分裂。最初由日本社會黨和「總評」（日本勞動組合總評議會）主導的原水協，在一九六〇年試圖阻止《美日安保條約》的修訂，理由是該條約恐會讓日本的軍國主義死灰復燃，而此舉促使較為保守的團體另組「核禁會議」（核兵器禁止和平建設國民會議）。內部分歧於一九六四年加劇，因共產黨滲透原水協，社會黨和總評決定退出並改組「原水禁」（原水爆禁止日本國民會議）。原水禁主張全面禁止核試，而原水協卻只聲稱美國核試是為了準備戰爭，蘇聯核試則是為了維護和平——正如許多被爆者一樣，對谷本而言，這場爭論已走到荒謬的地步。分歧持續不斷，每年八月六日，兩個組織都會分別舉辦各自的集會。一九七三年六月七日，谷本清在廣島的《中國新聞》的〈傍晚隨筆〉專欄中寫道：

> 近年來，每逢八月六日鄰近，總會聽見人們感慨，今年的紀念活動依然將由分裂的和平陣營各自舉辦……慰靈碑上所刻的話——『請安息吧，此錯將永不再重演』——體現出人類熾熱的希望。廣島的呼聲……與政治無

關。外國人來到廣島時，常會聽見他們說：「全世界的政治家都該來到廣島，跪在這座慰靈碑前，思索這世界的政治問題。」

一九七四年五月十八日，印度首次進行核試驗。

原爆四十週年之際，廣島和平中心仍在名義上運作——如今設於谷本家中。該中心在七〇年代的主要項目，是安排一系列與原爆無關的孤兒與棄嬰的領養事宜。收養者皆來自夏威夷或美國本土。谷本清三度赴美進行演講巡迴：一九七六年和一九八二年前往美國本土，一九八一年則去到夏威夷。他於一九八二年放下聖職退休。

此時，谷本清已年過七十。被爆者的平均年齡為六十二歲。《中國新聞》曾於一九八四年進行民調，顯示有百分之五十四・三的被爆者認為核武帶來的災難可能再度重演。谷本在報中讀到，美蘇兩國正在不斷攀升嚇阻之梯。他與妻子千紗皆以被爆者身分領取健保津貼，他本人還有來自日本基督教團的退休金。他住在一間舒適的小屋裡，擁有收音機、兩臺電視、洗衣機、電子烤爐、冰箱，以及產自廣島的馬自達小型汽車。他的食量不小，每天早上六點起床，帶著毛茸茸的小狗千子散步一個鐘頭。他的腳步漸漸慢了下來。他的記憶——正如同這個世界的記憶——也開始破裂、鏽蝕。

谷本清

事發時距離爆炸中心約三·二公里。時年三十六歲，衛理公會牧師。曾在美國亞特蘭大的埃默里大學修習神學。因英語流利、有許多美國朋友，多次遭警察盤問；為了消除大眾的懷疑，他自願接下町內的鄰組長一職。

〔matchstick〕003

廣島

發生在人類身上的故事

Hiroshima

作者 約翰・赫西（John Hersey）
翻譯 李仲哲

副總編輯 洪源鴻
責任編輯 張乃文、洪源鴻
行銷企劃 二十張出版
封面設計 虎稿・薛偉成
內頁排版 宸遠彩藝

出版 二十張出版／遠足文化事業股份有限公司
發行 遠足文化事業股份有限公司（讀書共和國出版集團）
地址 新北市新店區民權路108-3號9樓
電話 02・2218・1417
傳真 02・2218・8057
客服專線 0800・221029
信箱 akker2022@gmail.com
Facebook facebook.com/akker.fans
法律顧問 華洋法律事務所 — 蘇文生律師
印刷 呈靖彩藝有限公司
出版 二〇二五年七月 — 初版一刷
二〇二五年八月 — 初版二刷
定價 四六〇元

ISBN | 9786267662540（平裝）、9786267662557（ePub）、9786267662564（PDF）

廣島：發生在人類身上的故事
約翰・赫西（John Hersey）著／李仲哲譯
初版／新北市／二十張出版／遠足文化事業股份有限公司
2025.07 ／ 240 面／ 14.8 x21 公分
譯自：Hiroshima
ISBN：978-626-7662-54-0（平裝）
1. CST：第二次世界大戰 2.CST：核子武器 3.CST：報導文學 4.CST：日本廣島市
712.84 114006977